KiWi

1677

DAS BUCH

Punk, Neue Deutsche Welle, Techno und Elektropop: Inga Humpe ist seit Jahrzehnten eine der innovativsten Musikerinnen. Mit 2raumwohnung entwickelt sie gemeinsam mit Tommi Eckart seit 20 Jahren immer wieder aufs Neue einen aufregend intensiven und zugleich lässigen Sound. Ihr erstes Buch nimmt uns mit in ihren Kosmos. In Songs wie »Wir trafen uns in einem Garten«, »Sexy Girl« oder »Ich und Elaine« berührt 2raumwohnung das Lebensgefühl einer ganzen Generation und hat einen neuen Musiktrend miterfunden. Neben Songtexten und bisher unveröffentlichten Fotos enthält dieses Buch eine Erzählung Inga Humpes über ihre Kindheit in einem kleinen Ort im Sauerland, aus dem sie später ins West-Berlin der 1980er-Jahre aufbrach. Helene Hegemann hat mit Inga Humpe zahlreiche Gespräch geführt und einen elektrisierenden Text über die Anfangsjahre von 2raumwohnung beigesteuert. Und warum Inga Humpes Texte so ganz besonders sind, das erklärt Benjamin von Stuckrad-Barre in seinem Nachwort.

DIE AUTORIN

Inga Humpe, 1956 in Hagen geboren, ist Sängerin, Komponistin und Texterin. In Berlin gründete sie die Punkband Neonbabies, und gehörte mit DÖF (»Codo«: »Ich düse, düse, düse, düse im Sauseschritt«) und Humpe & Humpe zu den bekanntesten Musikerinnen der Neuen Deutschen Welle. Sie schrieb Songs für Kylie Minogue, arbeitete mit Udo Lindenberg und remixte Songs für Ennio Morricone und Herbert Grönemeyer. Mit Tommi Eckart bildet sie heute die Band 2raumwohnung. Inga Humpe erhielt als Mitglied von 2raumwohnung diverse Auszeichnungen, zum Beispiel mehrfach den Dance Music Award. 2005 bekam sie zusammen mit ihrer Schwester Annette Humpe für ihr Lebenswerk die 1 Live Krone. Im Mai 2018 wurde sie mit dem Fred-Jay-Preis für ihre Liedtexte ausgezeichnet.

INGA HUMPE

WIR TRAFEN UNS IN EINEM GARTEN

KIEPENHEUER & WITSCH

Danke, Tommi

INHALT

DAS GEWÄCHS

ERZÄHLUNG

ALS ICH UM die Ecke in unsere Straße einbog, sah ich schon von Weitem, dass wieder etwas passiert war. Unser Haus hatte einen kleinen, leeren Vorbau aus Holz und Glas, der Veranda genannt wurde, obwohl eine Veranda bautechnisch gesehen etwas völlig anderes ist. In diesem Raum befanden sich zwei paradoxerweise nebeneinanderliegende Eingangstüren, die in einen ewig kalten Flur führten, sowie eine Bank, auf der nie jemand saß.

Jetzt war die Holztür zur Veranda herausgerissen, die Scheiben aus den Fenstern lagen in Scherben daneben.

Ich ging erst mal geradeaus weiter in die Habichtstraße, eine Sackgasse, und beobachtete vom Ende der Straße aus, durch den Garten der Nachbarn, wie sich ein kleines Feuer entlang der parkenden Autos vorm Haus meiner Eltern ausbreitete.

Mein Kopf war so leer wie die Veranda ohne Bank. Ich fühlte, wie sich die Angst als eine kleine, unförmige Kugel Blei in mich hineindrückte. Ich war ungefähr fünf und total gestresst. Drinnen im Haus war man beschäftigt. »Papa und ich haben einen Schrank von den Hannoveranern geholt ...« Die Hannoveraner waren unsere reichen Verwandten. Sie schickten uns Kindern zu Weihnachten große Pakete mit getragenen Kleidern. »... und der Schrank ist uns in die Veranda gekracht«, sagte meine Mutter im Vorbeigehen.

Meine Mutter machte alles im Vorbeigehen, sie saß nur still, wenn sie weinte.

»Und was ist mit dem Feuer?«, rief ich hinter ihr her.

»Das kommt von dem kleinen ausgelaufenen Kanister«, schrie sie aus der Küche, »der war noch im Schrank gewesen. Jemand hat eine brennende Zigarette an den Straßenrand geworfen.« Ich hörte, wie meine Mutter die Kellertür öffnete, und sah durch das Wohnzimmerfenster, wie mein Vater mit einer alten Wolldecke auf die Straße und auf das Auto von Herrn Krusche einschlug.

Das war kein Grund zur Sorge, denn gleich gegenüber von unserem Haus stand das Gebäude der freiwilligen Feuerwehr mit vier riesigen rot glänzenden Magirus-Deutz-Feuerwehrwagen, die jeden Samstag herausgeholt und auf dem Hof davor geputzt wurden. An der Wand hatte ich zum ersten Mal das Wort »ficken« gelesen. Ich konnte schon mit vier lesen, weil ich fast platzte vor Neid auf meine rechnende, schreibende und lesende ältere Schwester.

Ich hatte zu der Zeit keinen Moment der Entspannung. Es gab praktisch keine ruhige Minute mehr, seitdem ich aus dem Schlafzimmer meiner Eltern ausgewiesen worden war, direkt in den uneingeschränkten Machtbereich meiner ungnädigen, immer schlecht gelaunten Großmutter. Ich schlief im Zimmer meines Feindes. Nachts betete ich verzweifelt vor dem Bild eines braun-weißen Jesus mit Schaf, wann meine wirklichen Eltern mich wohl endlich aus dieser fremden Familie herausholen würden.

Meine Großmutter zog abends im Schein einer kleinen Nachttischlampe ihr Nachthemd an und kratzte sich dabei in aller Seelenruhe den Rücken blutig, während meine Schwester und ich uns schlafend stellten und jedes Mal angeekelt und fasziniert zusahen.

Meine Schwester war der Liebling meiner Großmutter. Ihre alten verschwommenen Augen strahlten hinter der dicken verschmierten Brille, wenn meine Schwester nur furzte, und sie brummte dann auch mal etwas Unverständliches in ihren durchaus vorhandenen Bart, was die ganze Familie erfreute. Normalerweise sprach meine Großmutter nicht. Sie kriegte kaum die Zähne für ein »Guten Morgen oder »Danke« auseinander, und sie durfte sich alles erlauben in der Familie: erstens, weil ihr alles gehörte und zweitens, weil sie ein Gewächs im Bauch hatte. Dieses Gewächs war mein Freund, mein Vertrauter. Ich lobte und besprach es, indem ich tonlos die Lippen bewegte wie bei einem Gebet. Ich malte Blöcke voll mit dunkelbunten Sträuchern, um mir selbst dabei ein bisschen schöne Angst zu machen. Schöne Angst war die, die man abstellen konnte. Wenn meine Großmutter aß, starrte ich auf ihren dicken Bauch und stellte mir vor, dass das Gewächs wieder weiterwachsen würde.

»Wo ist denn der Schrank?« Meine Schwester, der normalerweise nicht zu trauen war, hatte einen besorgten Gesichtsausdruck. Sie war dreizehn und rauchte heimlich. Jetzt saß sie in der Küche und las Hörzu. Sie blätterte genervt um und schaute kurz und kalt in meine Richtung: »Ein Brett davon sehe ich jedenfalls vor deinem Kopf, Stumpen.« Ich hasste es, wenn sie mich Stumpen nannte. Das war ein Teil ihrer Rachestrategie, die sie entwickelt hatte, weil ich als Zweitgeborene sie um die Alleinaufmerksamkeit unserer Eltern gebracht hatte.

»Und wer hat die Zigarette da ins Benzin geworfen?« Ich las in ihren leicht gequälten Augen, dass sie in die Sache verwickelt war. »Ich kann ja mal sehen, ob ich die Kippe draußen finde, und dann werden wir ja wissen, ob du es warst, falls es eine milde Sorte ist.« Ich war eine gnadenlose Petze. Das war die einzige Möglichkeit, meine Schwester wenigstens für kurze Momente in Schach zu halten. Sie hob den Kopf und formte ihre blauen Augen, die wie meine ohne Wimpern zu sein schienen, weil sie weißblond waren, zu zwei zusammengezogenen länglichen Scharten und schoss eine Runde Hass auf mich ab.

»Dann schneid ich dir, wenn du schläfst, eine Glatze, Stumpen.« Das war ihr zuzutrauen. Sie hatte mir mal ein Kaugummi auf meinen Kopf geklebt, und danach musste ich meine von aller Welt bewunderten Locken abschneiden lassen und eine hässliche Kurzhaarfrisur tragen, die mich wie einen Jungen aussehen ließ. Ich nahm mir vor, bei der nächsten Gelegenheit ihren Tauschbilderkasten unnachweisbar zuzukleben. Um mich selbst zu trösten, ließ ich meinen Wellensittich Coco ein bisschen fliegen, schaltete das Radio ein und stellte mir vor, ich wär Astronautin in einem hellblauen Paillettenkleid und müsste ein Foto mit unserem Nachbarn, dem Fotografen Herrn Koppe, machen. Im Radio lief »These Boots are made for Walking«, was mich in gute Stimmung versetzte. Ich holte aus der Küchenschublade ein ausgeleiertes gehäkeltes Kränzchen, setzte es mir auf den Kopf und lockte Coco auf meine Schulter. In dem Moment ging die Tür auf, und herein kam ächzend mit einem Eimer Briketts unsere Großmutter. Sie stellte den Eimer mit einem Krachen auf den Ofen, Coco machte sich bereits ganz dünn auf meiner Schulter. Sie ging direkt auf das Fenster zu, öffnete es, und schon war Coco draußen. Ich heulte gleich los und wünschte meine Großmutter direkt in die Hölle, die knallte das Fenster zu und stellte sich mit dem Rücken so nah vor mein Gesicht, dass mir ihr Parfüm, ein Gemisch aus Mottenkugeln und Franzbranntwein, entgegenschlug und ich noch lauter heulte. Meine Mutter kam vorbei, und ich deutete auf den leeren Käfig und brüllte: »Oma hat Coco wegfliegen lassen!«

»Aber doch nicht mit Absicht!«, rief meine Schwester. Unsere Großmutter sagte wie immer nichts und schaute nur beleidigt auf den Boden.

Meine Mutter zog mich an der Hand nach draußen und versprach
mir einen Hasen mit einem Reißverschluss und einer kleinen Tasche
im Rücken, die sie mit Süßigkeiten füllen wollte. Es war nämlich bald
Ostern. Ich schaute meine Mutter an. Sie hatte braune, schöne Augen,
braune, lockige Haare und sah aus wie ein Bild aus meinem Dichter-
quartett. Plötzlich wusste ich, dass sie doch meine Mutter war, und
ich fing vor Freude und Rührung wieder an zu heulen. »Jetzt ist aber
Schluss!«, sagte meine Mutter streng. »So schlimm ist das nun auch
wieder nicht. Du kannst dir doch zum Geburtstag einen neuen Wellensittich wünschen.« Das war ungefähr der zehnte Wellensittich, der
unserer Familie weggeflogen war, und mein Geburtstag war erst im
nächsten Januar. Coco blieb der letzte.

Mein Vater räumte mit meinem Onkel Friedel und seinem Sohn
Friedemann die Scherben weg, und ich ging rüber zu Herrn Koppe, in
einer Winterjacke von den Hannoveranern und mit dem labberigen
Kränzchen, und ließ umsonst ein Passbild machen, das Herr Koppe in
seinem Schaufenster ausstellte. Dieses Passbild habe ich noch heute.
Es ist sehr gut ausgeleuchtet, ich lächle gekünstelt, und man sieht
noch ein winziges bisschen Schnodder unter meiner Nase, vom Heulen vorher.

Wenn wir zu Weihnachten das Paket von den Hannoveranern beka-
men, war unsere Mutter immer sauer. »Nicht mal ein Kaugummi für die
Kinder«, schimpfte sie. »Das ist kein Weihnachtsgeschenk.« Wir fanden das Geschenk prima, weil es so riesig war, und die Kinderkleider

sahen teuer und wie neu aus. Sie fasste die Sachen wie Putzlappen an und kümmerte sich nicht die Bohne darum. Ich ordnete alles in unsere Kinderkommode ein, und wir probierten die Kleider ausgiebig an und spielten dabei reiche Leute. Das sah so aus, dass meine Schwester die Gouvernante war, die mich streng unter Kontrolle hielt. Aber die Klamotten habe ich schon damals für uns beide ausgesucht. Diese Zeit erscheint mir heute wie ein Block harter, bitterer Schokolade. Irgendwann starb die Großmutter, wir zogen um, und meine Schwester kam in ein Internat. Ich wurde plötzlich Einzelkind, was das Leben nicht besser machte.

Ich begann, fürchterlich traurig zu werden. Mir wurde klar, dass ich niemanden in meiner Familie freiwillig liebte. Das war wohl der Moment, in dem die Pubertät anfing, die ich mit Kotzen und Selbstmordgedanken verbrachte. Kotzen, weil die hormonelle Umstellung mich total umhaute, und mein Testament machte ich damals, weil ich in meinem Herzen einfach nicht die Sonne hatte, die man sich gegenseitig in Poesiealben wünschte. In mir tobte eine Mördergrube, und ich beschloss, Terroristin zu werden.

TECHNO
TOMMI
TERRORISMUS

HELENE HEGEMANN

IM SOMMER 2018 sitzt du barfuß auf eurer Terrasse, hast irgendwas Schwarzes an und sagst: »Ja, die drei Ts.«

Techno, Tommi, Terrorismus.

»Aber das ist die falsche Reihenfolge.« Dann denkst du zwei Minuten nach.

»Obwohl, doch. Die Reihenfolge stimmt. Aber Terrorismus war bei Techno schon vorbei. Lange.«

Und dazwischen waren die Achtziger.

Ich weiß nicht, was du im Sommer 1987 gemacht hast. Vergessen zu fragen. Wahrscheinlich warst du in London.

Im Sommer 1997 fährst du mit Tommi auf die unspektakulärste der Kanarischen Inseln, Lanzarote, ein Ort, an dem sich irgendeiner diffusen Legende nach zeigt, ob eine Zweierbeziehung Bestand haben kann oder nicht. Weil die Insel so karg ist, da gibt es kaum Bäume. Und wegen des Meeres und der Abgeschiedenheit und der unfassbaren, langweiligen Ruhe. Ab und zu lassen dort Staubwinde den Himmel in einem wirklichkeitsfremden Rotton erscheinen, man kann dann nur noch hundert Meter weit gucken. Was nicht so dramatisch ist, wie es klingt. Aber ganz gut. Ich bin im Kindergarten. Ihr seid vier Jahre zusammen. Tommi hat sich in deiner Charlottenburger Wohnung in dich verliebt, als du mal kiffend im Gegenlicht vor der Fensterfront gestanden hast. Mit verschränkten Armen und auf das rechte Bein verlagertem Gewicht, das linke war angewinkelt. Du hattest lange rote Haare, das sah nach Mangafigur aus, ich weiß das wegen des Fotos. Es gibt dieses Foto aus der Zeit, da sitzt du vor einem Bild von Wolfgang Tillmans und bist echt besorgniserregend dünn und hast so ein Schild um den Hals hängen, da steht drauf: *Sit here.*

Schwer zu identifizierender Alarm auf der Straße, irrer Krach, und als Tommi fragte, was das sein könnte, hast du mit den Schultern gezuckt und geantwortet:

»IRGENDWAS NERVIGES DRAUSSEN.« Das war 1993.

Es gibt Gründe dafür, dass ihr 1997 vier Monate lang auf Lanzarote abhängt. Die bleiben hier besser unerwähnt. Aber es gab welche. Zwei Zimmer jedenfalls, so Terrakottafliesen, supersimpel, klassisch eingerichtet. Kein Fernseher. Bungalow. So ein Ferienhaus. Und da waren andauernd Handwerker und so.

Spanisches Bett, in der Mitte ist ein Bad, rechts ist euer Studio, das ihr aus Berlin mitgenommen und provisorisch neben der Küchenzeile aufgebaut habt. Das Neumann-Mikro und ein Akai-Sampler, die offizielle Production Machine der Neunziger. Nord-Lead-Synthesizer, Mischpult, zwei mickrige JBL-Boxen, Control One, die später in allen Kneipen und Bars rumhängen werden. Und ein Mac mit kleinem Röhrenmonitor in Schwarz-Weiß, der immer abstürzt. Deshalb müsst ihr auf der Insel einen Netzstabilisator kaufen. Das Gerät macht so ratschende Geräusche. Ihr nennt es Ratte. Abends, wenn die Leute ihre Fernseher und Küchenöfen einschalten, wird die Ratte immer ganz hektisch. Das musste alles durch den Zoll, ihr habt tagelang auf das Equipment gewartet. Die Zollgebühren haben 200 Mark gekostet, weil ihr gesagt habt, das alles sei zusammen 2.000 Mark wert.

(War aber 20.000 wert.)

Tommi hat Jura zu Ende studiert und soll drei Monate später als Anwalt in einer Kanzlei anfangen. Er hat keinen Bock. Und du hast, wenn man von einer kurzen Unterbrechung absieht, zehn Jahre lang die Klappe gehalten und keinen Bock mehr auf Singen gehabt, jedenfalls nicht darauf, als Figur, die singt, auf einer Bühne zu stehen, du hast zehn Jahre lang nicht gesungen. Einer der hundert Gründe, aus denen du Techno gut findest. Da wird keine Geschichte erzählt, es gibt keine Texte. Es gibt immer nur eine Message: »Can you feel it?« ist die Message, und das reicht.

In diesem Zustand, auf den ihr, das sagst du mir jetzt, jahrelang unbewusst hingearbeitet habt, entsteht auf Lanzarote zum ersten Mal und ohne den geringsten Druck von außen etwas, das man als den singulären Sound eurer Band bezeichnen wird. Eure Band hat 1997 keinen Namen, weil es sie noch nicht gibt. Für den Sound gibt es kein Beispiel. Ihr werdet zwei Jahre später fast zufällig euren ersten Song veröffentlichen und damit was in die Welt setzen, das ich dir gegenüber jetzt als die exzessive Verbindung zwischen Technokultur und Zukunft bezeichnen würde. Die Basis dafür ist dieses beknackte Lanzarote, wahrscheinlich, weil es euch da aus Versehen echt nicht mehr um wie auch immer gearteten Erfolg, sondern nur noch um die selbstbestimmte Kreation von etwas Neuem ging.

Ihr schreibt Songs, nehmt sie auf, hört sie euch danach mit Kopfhörern auf mediterranen Sperrholzmöbeln an. Das, was euch beide in der kargen Einfalt des Geländes aufregt, ist euer eigener Sound. Die Entwicklung eines musikalischen Gefüges, das dich wieder anfangen lässt zu singen. Du trägst ein kotelettfarbenes Bambi-T-Shirt und versuchst dir einen Sommer lang die Frage zu beantworten, wie man eine schöne Melodie überhaupt aushalten kann – indem man sie bricht, also Stimme, Beat, Störgeräusche. Auf deiner Unterhose steht

»I can fly«, man kann es lesen, weil deine Shorts durchsichtig sind. Du sitzt mit angezogenen Beinen auf einem Korbsessel und fängst hysterisch zu lachen an, weil du das, was du hörst, so gut findest. Und Tommi hat diese Akkorde von »Sexy Girl«, sind ja nur zwei Akkorde, die hat er jedenfalls, und dann singst du dadrauf die Zeilen, die du in eins deiner kleinen Hefte geschrieben hast, du hast zu dem Zeitpunkt massenweise kleine Hefte dabei und schreibst da IMMER ALLES rein, und du hörst das und denkst: Ist das geil, irgendwie so komisch lesbisch und so, und so gut, so undurchsichtig, du kannst es nicht fassen. Das Lied ist das Gegenteil von allem, was du von Verlegern und Produzenten und Pseudohitmaschinen im Laufe deiner Karriere gelernt hast. Du hast gelernt, dass man eindeutig sein soll und plakativ, dass das beste Rezept für Erfolg angeblich darin besteht, etwas zu kopieren, das schon mal Erfolg hatte. Und plötzlich merkst du, das ist alles Quatsch, es ist anders, bei dir jedenfalls ist es anders, und dass es nur anders geht. Und dass du dieses andere jetzt gefunden hast. Du bist vierzig.

Es gibt einen Moment, einen extrem seltenen Moment, an dem einem egal wird, was andere Leute sagen. Klingt nach christlicher Erweckungsliteratur oder einem Motivationsspruch zur Drogenprävention, ist aber das Gegenteil von beidem und so was Ähnliches wie Verliebtheit – vielleicht noch deeper. In diesem Moment weißt du: Das hier ist meine Entwicklung.

»Sagen wir mal eher: Das ist mein nächster Schritt.«

Egal worauf der hinausläuft, egal was damit jetzt passiert.

Immer noch Lanzarote, ihr seid jetzt mit eurem Auto in so einen komischen Barranco geraten.

Ich frage: »Was ist ein Barranco?«

»Ähm, so Geröllberge. Eher eine Art Schlucht zwischen Geröllbergen. Weg für Ziegen und Schafe. Eben absolut keine Straße. Und wir dachten: Wir machen einen Ausflug, wir fahren jetzt mal diese Geröllberge rauf und runter auf Lanzarote. Wüstenartiges Wasteland. Aber das war mit diesem Auto im Grunde nicht möglich. Ganz kleines Auto. Und dann blieb das stehen und stundenlang in der Sonne, und dann mussten wir so mit Brettern das Auto da irgendwie wieder zum Laufen kriegen, ich kann dir nicht richtig erklären, wie wir das gemacht haben.«

Das war die Basis für »Mit viel Glück«. Für den Text. »*Zwanzig Stunden lang gen Süden*«. Leichte Panik, dass ihr das nicht schafft, denn wenn ihr das nicht geschafft hättet, hätte das bedeutet, acht Stunden oder so zurücklaufen zu müssen, ohne Wasser in mittlerweile glühender Hitze.

Warum zur Hölle seid ihr diese Geröllberge hoch- und runtergefahren? Weil du zu Tommi gesagt hast: »Ey, lass mal da lang.«

(Tommi hat inzwischen aufgehört, derartigen Forderungen von dir nachzukommen. Wenn du sagst: »Ey, lass mal da lang« oder »Ey, lass doch mal nen anderen Weg nehmen«, dann sagt er: »NEIN, NEIN, NEIN.«)

Als ihr im Herbst nach Berlin zurückkommt, kriegt er einen Anruf. Die Kanzlei, in der er anfangen soll, wird nicht eröffnet.

Du weißt noch, wie ihr eurem Verleger danach »Sexy Girl« vorgespielt habt, aber der war mit was anderem beschäftigt und immer nur auf der

Suche nach Hits und eben extrem gelangweilt von dem, was er da hörte, das hältst du ihm, glaube ich, auch bis heute noch vor. Höflichkeitshalber sagte er, dass das vielleicht was für Tina Turner sei, er werde mal Tina Turner fragen, er habe »einen Draht zu der«, das war so die Resonanz. Und dann kam aber weder Tina Turner noch wer anders, der das hätte machen wollen. So gar nicht.

Jetzt sagst du zu mir, dass euer Verleger nett ist und so, echt netter Typ.

Aber zu ihm sagst du immer wieder: »Du hast das nicht erkannt damals.«

Hat aber offenbar auch sonst niemand erkannt, alle hörten sich das an und sagten: »Ja, schön, aber zu krass, könnt ihr nicht bringen.«

Dieser Song war wie Glatteis.

»Was daran hätte man denn nicht bringen können?«, frage ich.

»Zu abgedreht, zu schrill, zu irre. Die dachten alle, das sei ein Gag. Und niemand hat die Härte kapiert.«

Das hat dann alles noch ein paar Jahre gedauert. Was der oben beschriebenen Euphorie keinen Abbruch tat, die rechtfertigte sich nur durch sich selbst, außerdem kam noch ein anderes Gefühl hinzu, das du aus deiner Kindheit kanntest: vor dem Radio sitzen, Charts hören, irgendwas richtig gut finden – jetzt hattet ihr das, was du richtig gut findest, selbst hergestellt, der Zustand ist unbezahlbar. Du sagst, dass du als Kind wahnsinniger Dean-Martin-Fan warst. Und bei »Ich und Elaine«, ein paar Monate später – im Grunde hast du das wie Dean Martin gesungen. Und wie Curtis Mayfield. Es gibt da diese Stelle mit dem Chor, und dann kommt »We share the Blood in our Veins« – und diese

Zeile singst du eben wie Dean Martin und in einer anderen Version wie Curtis Mayfield.

Der Song heißt »Ich und Elaine«, weil deine Mutter Helene hieß. Als du den Song geschrieben hast, war sie zwei Jahre tot, du wolltest deine Partyzeit mit der Erinnerung an sie verschmelzen lassen, du wolltest sie auf deine Partys mitnehmen, merkt natürlich keine Sau, dass das auch nur im Geringsten was mit Dean Martin und deiner Kindheit oder deiner toten Mutter zu tun haben könnte. Aber gerade deshalb ist jeder Teil jedes deiner Lieder so aufgeladen mit Kindheit, im Gesang, in den Worten, da ist immer was drin, das man als Außenstehender kaum erkennen und schon gar nicht zuordnen kann, das für dich aber eine Beziehung zu jeder Silbe bedeutet und eine dadurch bedingte spezielle Form von Lebendigkeit.

Du glaubst, das nennt man »aufladen«. Dass die Sachen aufgeladen werden, im besten Fall widersprüchlich, von echten Menschen, von versteckten Gefühlen.

*

»Hattest du Poster in deinem Kinderzimmer hängen?«

»Ja, Che Guevara«

»Nur Che Guevara?«

»Und 'ne Trompete. Ich hatte so ausgeschnittene Trompeten. Da habe ich mir so 'ne komische Collage an der Wand gemacht. Che Guevara und ausgeschnittene Trompeten.«

»Eigenes Zimmer?«

»Ja, zum Glück. Mit dreizehn oder so.«

Und eben Meerschweinchen und deine erste Stereoanlage. Und das Meerschweinchen war in deinem Zimmer. Du hattest es dir irgendwie gemütlich gemacht, so als Dreizehnjährige, das eigene Zimmer war der Inbegriff von irgendwas und deshalb genial und dann die Stereoanlage und dieses fiepende Meerschweinchen und Che Guevara und die Trompeten.

»Warum denn Trompeten?«

»Keine Ahnung, ich weiß es nicht mehr. Keine Ahnung.«

Du sagst nie, dass früher alles besser war. Stattdessen sagst du, dass das Quatsch sei, nichts war besser früher, alles ist besser heute, mit einem Nachdruck, der jede Erwiderung abschmettert, bevor sie derjenige, der sie äußern will, überhaupt äußern kann. Im Gegensatz zu dir bin ich der Überzeugung, dass unsere Gegenwart 'ne ähnlich große Katastrophe ist wie die Vergangenheit; dabei denke ich nicht an rückwärtsgewandte politische Strömungen, aus denen irgendwann mal eine für uns schmerzhafte Umwälzung der Verhältnisse resultieren könnte, sondern an deine und meine Realität, unser sogenanntes tägliches Miteinander, daran, dass sich alle in einer diffusen Wolke kondensierender Bekenntniszwänge andauernd und ausschließlich mit ihrem eigenen Innenleben konfrontieren, es geht echt nicht mehr um Weltkriege, es geht um die Dekadenz einer Gesellschaft, in der jeder um sich selbst kreist: um die von Richard Sennett als solche bezeichnete »Tyrannei der Intimität«. Der öffentliche Raum wird nicht genutzt im Sinne einer Polis, der hat nichts mehr mit griechischer Antike zu tun, nichts mit Begegnungen. Stattdessen gibt es durchsichtige Mauern. Jeder lebt in seiner eigenen, komplett verglasten Wohnung, aus der er nicht rausgeht. Alles zieht sich in den intimen Bereich zurück, und im nächsten Schritt wird dieser intime Bereich dann praktisch nach außen geklappt. Niemand schreibt mehr Krimis, alle schreiben nur noch über sich selber, ich hier ja gerade auch.

Wenn wir über deine Kindheit sprechen, müssen wir ins 20. Jahrhundert zurück – was insofern interessant ist, als sich diese »Tyrannei der Intimität« dann als eine Reaktion auf etwas zu rechtfertigen scheint. Als Reaktion auf eine Art wilhelminische Zwangshaltung, wo es nur noch Fassade gab und niemand berechtigt war, überhaupt irgendeinen Schmerz von sich zu geben, man hatte einfach zu funktionieren im bürgerlichen Korsett. Und selbst wenn deine Oma regelmäßig vergewaltigt wurde, dann wurde darüber nicht geredet. Und selbst wenn du ein Bein im Krieg verloren hast oder fünf Brüder oder dein Grundvertrauen, dann wurde darüber nicht geredet. Du warst nicht im Krieg, aber deine Eltern. Meine nicht. Und ich weiß auch nicht, was es heißt, in einer Zeit aufzuwachsen, in der noch niemand Punk erfunden hatte, geschweige denn Techno. Du weißt das. Das ist der Unterschied.

Also Fünfzigerjahre in Herdecke, nördlicher Ennepe-Ruhr-Kreis, das ist ein kleines Kaff in NRW, und Punk braucht noch zwanzig Jahre. Du wächst damit auf, dass es heißt, die Russen kommen, gleich ist Atomkrieg. (Du hast dich dafür zwar nie interessiert – aber trotzdem.)

Bis du vierzehn bist, denkst du, das ist nicht dein Zuhause, du kommst woanders her, die sagen dir das schon noch. Ihr wart ja so hellhäutig und blauäugig, und deine Mutter hatte dunkle Haare und braune Augen, und du dachtest, das ist nicht deine Mutter, auf keinen Fall, kann nicht sein. Du glaubst mittlerweile zwar, dass das doch deine Eltern waren. Dass du nicht adoptiert worden bist. Daran hast du offenbar echt keinen Zweifel mehr. Aber als du klein warst, gab es dieses extrem Fremde, und obwohl du nie ein Beispiel für Vertrautheit erlebt hattest, konntest du dieses Fremde bei jedem gemeinsamen Mittagessen als solches identifizieren. Die haben nie mit euch über irgendwas geredet. Vielleicht lag es am maßlosen Abgrund. Dem Abgrund zwischen eurer kindlichen Unverdorbenheit und dem, was die Generation vor euch erlebt und euch verschwiegen hat. Zwei verschiedene Arten von Bewusstsein, die beispiellos gegensätzlich und deshalb nicht miteinander vereinbar waren.

Mir kommt das vor wie die Grundlage dafür, dass ein paar Jahre später etwas passierte, was in der Geschichte der Menschheit bis dahin nicht passiert war – die Jugend reißt flächendeckend die Macht an sich. Du korrigierst mich, stimmt nicht ganz. Die Jugend prägt die Kultur, sie wird sich ihres eigenen Machtanspruchs bewusst. Nicht weil sie will, sondern weil man sie lässt. Du erinnerst dich an den Bruch. Man war seine gesamte Kindheit über irgendwie unwichtig gewesen und praktisch nur mit dem Arsch angeguckt worden, und plötzlich, man war so fünfzehn, sechzehn, kriegte man eine Aufmerksamkeit, die nicht nur was damit zu tun hatte, dass man ein hübscher Teenager und deshalb interessant war, ihr habt Klavier gespielt und Lieder gesungen, die Augen glänzten, ihr wurdet mit diesen wirklich bewundernden Blicken angeschaut. Und dass dieser adoleszenten Strahlkraft und Unverwüstlichkeit der Raum gelassen wurde, der euch alle später nach Paris oder in den Knast oder ins Kloster oder zur Selbstfindung nach Indien hat gehen lassen, egal wohin, ihr konntet ja offenbar hin, wohin ihr wolltet – das muss mit unbewusstem Respekt eurer Eltern dafür zu tun gehabt haben, dass ihr stärker wart als sie. Eure Eltern haben eine widernatürliche Katastrophe nach der nächsten mitgekriegt, die waren ihre Jugend über damit beschäftigt, Systeme zu entwickeln, mit denen man Erinnerungen und Qualen und Sprachlosigkeit bezähmt. Und dann werden die verschonten, schönen Kinder erwachsen, den Eltern stehen plötzlich zurechnungsfähige Erwachsene gegenüber, die das alles nicht mitgekriegt und deshalb ein ungebrochenes Selbstbewusstsein, eine nie dagewesene Perspektive haben, und wahrscheinlich erkennt man darin dann eine Art Rettung, eine Mischung aus Bedrohung und Rettung, jedenfalls eine optimistische Harmlosigkeit, für die man als versehrte Generation das Feld zu räumen gezwungen ist.

Du hattest natürlich auch Freundinnen in der Grundschule, die hatten völlig andere Verhältnisse zu Hause, die haben ihren Eltern beim Mittagessen haarklein erzählt, wer in der Schule piep und pups gemacht hatte und was die Angelika für 'ne Jacke angehabt hatte und so, aber die Familien performten halt voreinander.

»Ich bin der Onkel Soundso« und »Ich bin die Tante Soundso«, und inzwischen hältst du das alles für die Vorstufen schwerwiegender psychischer Erkrankungen, die man heute auch als solche diagnostizieren würde, vorwiegend eine Mischung aus Narzissmus und Autismus, kurz:

Die Sechziger waren ein vertrauensloses Herumirren, und währenddessen wurde in der Abendschau mit unfassbaren Sätzen rechte Scheiße verkündet. Scheiße, die heute undenkbar wäre.

Eure Eltern hätten gar nicht zu euch durchdringen können, das ging nicht. Die mussten euch als Individuen behandeln. Ihr wusstet, es geht nur um euch. Und ein Teil von euch wusste offenbar auch, dass ihr machen konntet, was ihr wolltet.

Du sagst, dass du da rausmusstest. Um dem Radar zu entkommen und um Erfahrungen zu machen, die eure Eltern euch lieber erspart hätten. Wenn ich dich frage, ob dieser Impuls, da rauszuwollen, ob der aus einer Nuance in der Erziehung resultiert oder angeboren ist, wenn ich dich also nach dem Grund dafür frage, warum ein paar rausmüssen aus ihren Käffern, während die anderen den bürgerlichen Ansprüchen gerecht werden und da gut gelaunt ausharren, ob das ein Gen ist oder sozialisationsbedingter Zufall oder eben Erziehung, dann sagst du: »Erziehung. Wahrscheinlich dann irgendwie doch.«

Dein Vater konnte nicht so gut schreiben. Er hat immer gesagt, dass er als Kind Ziegen hüten musste, und die Ziegen hätten seine Bücher aufgefressen, und deshalb hätte er nicht so gut schreiben gelernt. Er war Konditor und hatte sich, trotz Krieg, so ein männliches, optimistisches Selbstbewusstsein aufrechterhalten. Und mit diesem Selbstbewusstsein konnte er sich als Konditor dann eben auch irgendwie als Künstler fühlen, immer so Marzipanblumen machen und Zuckerguss und dekorieren und so, er war so ein Bastler, ein Kunsthandwerker. Ja, so hat er sich gesehen. Als Kunsthandwerker.

Deine Mutter hat ganz gut Klavier gespielt. »Mondscheinsonate«

zum Beispiel. Und »Der wilde Reiter« und so was. Vielleicht, weil sie in ihren Klavierlehrer verknallt war. Hermann Schäfer hieß der, du warst als Achtjährige auch in Hermann Schäfer verknallt. Einen kurzen Moment glaubst du, dass deine Mutter deinen Vater nur deshalb geheiratet hat, weil der auch Hermann hieß. Und komischerweise war Musik immer ein Fluchtpunkt. Hauptsächlich klassische Musik. Musik galt als die Rettung.

»Wirklich?«

»Ja, total.«

Das ging interessanterweise beiden Elternteilen so. Bei deiner Mutter war das eben klassische Musik, und dein Vater, der hatte einfach Freude an Musik als solcher, der fand alles toll. Beatles und Kinks, verstand zwar kein Wort, aber fand das schön.

Abends dann zusammen rumhängen, ihr hattet ja keinen Fernseher, und dann saß man in diesem leicht kalten Wohnzimmer, und eure Mutter spielte euch »Die Forelle« von Schubert vor und hat dazu so eine haarsträubende Geschichte erzählt, wo du dann vor Rührung, ähm – also, sie hat dann erzählt, dass eben diese kleine Forelle in einem Bach schwimmt, und dann ist auf einmal die Mutter weg, und das wird ja auch sehr dramatisch, dieses Stück, und dann ist die kleine Forelle ganz alleine, und du kannst dich noch erinnern, wie du dir als Vierjährige die Ohren zugehalten und dich unter einen Sessel gequetscht hast. Du so vier und weinend unter einem Sessel. Wegen einer von deiner Mutter zu Schuberts »Forelle« entwickelten Version der Bambi-Tragödie. Und die Beatles liefen eher so in der Küche. Und in der Backstube. Da lief Radio. Aliiertensender, Top Twenty auf BBC am Sonntagnachmittag. Sonntag Nachmittag war bei euch in der Konditorei die Hölle los, immer Geschrei, es wurde halt geschrien, was bestellt wurde, fünf Kaffee, ein Kakao, alle rannten rum und brüllten irgendwas, und dazu liefen die Top Twenty, und du hast das geliebt als Kind, danebensitzen, neben diesem Stress, und irgendwie malen oder so. Deine Mutter war, wie nennt man das – die hielt sich immer für was Besseres, komplett ungebildet, allerdings kein Arbeiterkind. Arbeiterkind war schlimmer. Immer migränekrank. Und einmal schief angucken, dann war sie den ganzen Tag sauer. Weiß Gott nie jemand, mit dem man sich als Frau hätte identifizieren können oder wollen. Das Frauenbild war extrem verwirrend, du wusstest nicht, woran du dich hättest orientieren können. Es gab keine Figuren. Weder in der Musik noch im Theater noch in Büchern. Dir fällt heute nur Simone de Beauvoir ein, von der du »Sie kam und blieb« gelesen hast, aber das ist eine tragische Frauenfigur, und sie zerbricht am Ende.

Also alles unterlaufen und unterwandern was geht, möglichst auch ugly und platt. Ganz klares Abgrenzen von Lehrern und von Richtern und Nachrichtensprechern. Alles Staatliche war hochmisstrauenswürdig. Und daraus resultierte irritierenderweise ein Kampf gegen jede Art von Kultiviertheit und Feinheit, man kann einen Tampon als Ohrring tragen und damit bestimmte Leute so richtig auf die Palme bringen, das war der Gestus, der sich aber trotzdem in einem recht bürgerlichen Rahmen abspielte. In der Uni saßen die Mädchen in den Vorlesungen und strickten. Hatten zwar 'ne Latzhose an, waren aber immer noch frisiert.

Auf keinen Fall Make-up. Was du zutiefst verabscheutest, quasi dein Inbegriff von Abscheu, war L'Oréal. Bei L'Oréal kam alles zusammen, wogegen du dich zu wehren versuchtest, jedes in Zeitschriften vermittelte Bild davon, was man als Frau zu sein hatte und was du nicht werden wolltest. Deswegen musste Punk wahrscheinlich auch einfach sein. Hast du mir ja mal erzählt, dass dein Vater immer sagte: »Wenn du nicht Apothekerin werden willst, werd doch einfach Apothekenhelferin.«

Und dass er das nicht verstand. Dass du dann unglücklich geworden wärest. Das konnte er wirklich nicht nachvollziehen. »Du kannst doch hierbleiben, wirste Apothekenhelferin. Wenn du es nicht stressig haben willst und keinen Bock hast auf Studieren – mach es dir doch einfach nett.«

Das hat er einfach nicht verstanden. Dass man da nicht sagt: »Ja, stimmt, Papi, ist doch eigentlich 'ne gute Idee.«

Du wolltest Terroristin werden. Deshalb bist du nach Berlin gegangen. Aus einem behüteten, komischen Kokon in diese Großstadt, genau zu der Zeit, als »Wir Kinder vom Bahnhof Zoo« durch die Decke knallte. Du weißt, dass deine Mutter fest davon überzeugt war, du würdest Heroin nehmen oder auf den Strich gehen. Davon warst du absolut weit entfernt. Es gab keine Drogen. Du hattest nicht mal viel Sex. Aber das nach außen gekehrte Bild, das du kreiert und genossen hast, dieses Punkbild von einem kleinen bösen Tierchen, das unberechenbar ist, funktionierte, weil es dir bestimmte Erwartungen vom Leib hielt.

*

»Wie alt warst du, als du nach Berlin kamst?«

»Zwanzig. Dann hab ich die Terroristen in Kneipen gesucht. Und zum Glück nicht gefunden. Die Siebziger waren noch voll mit Terrorismus. In den Achtzigern war der Terrorismus over, da war ich ja aber auch schon in den Schlager gerutscht, in den Witzschlager, ›Codo‹ und so, und entsprechend als Terroristin überhaupt nicht mehr geeignet.«

»Hast du dich mal geprügelt?«

»Mit meinem Exmann, ja, Beziehung hatte sich erledigt danach.«

Du warst mit dreiundzwanzig ein Jahr lang verheiratet. Du hast ihm die Nase blutig geschlagen. Das war ein Mann, der beim Theater arbeitete, charismatischer Typ. Sein Vater war Musiklehrer. Und er hat immer erzählt, seine Mutter sei Jüdin, aber in Wirklichkeit hat sie sich umgebracht und war Nazi. Nazi *gewesen*. Und dann hat der Vater danach eine Jüdin geheiratet. Bei der Hochzeit der beiden habt ihr euch verlobt, ihr habt Ringe getauscht, um ihn zu ärgern. Er war aber immer noch Alkoholiker und ist dann irgendwann vorm Terzo Mondo in ein Taxi gerannt und lag vier Jahre im Koma, ein komplett unter seiner eigenen Biografie zerbrochener Typ, in den Wahnsinn getrieben von der Zerrissenheit seiner Familie.

Terzo Mondo heißt »Dritte Welt« auf Griechisch, obwohl das eher nach einer Kompilation mit Italoschnulzen klingt. Der Kommunistengrieche in der Grolmanstraße, letztes Jahr waren wir da zusammen bis sechs Uhr morgens auf dem Geburtstag von Nicole, sind danach beinahe in die Nuttenbar in der Knesebeckstraße gefahren und in letzter Sekunde dann doch noch *zur Vernunft gekommen* und nach Hause, zum Glück, trotz Vollsuff, ich hoffe, du kannst dich erinnern.

Du hast deinem Exmann »2 von Millionen von Sternen« an seinem Sterbebett vorgespielt. Harun Farocki war dabei, ihr habt euch dort zufällig getroffen und danach noch gemeinsam »Die Internationale« für deinen im Koma liegenden Exmann gesungen, da hat er den Mundwinkel bewegt, ihr habt das beide gesehen. Du sagst, dass das immer extrem prägende Begegnungen waren mit ihm, auch nach der Trennung, selbst dann noch, als er schon im Koma lag. Dann sprichst du von Umwegen, von so komischen Umwegen und davon, dass Entwicklungen immer länger dauern, als man denkt, du dachtest immer, das geht alles viel schneller, du dachtest in den Siebzigern, dass du schneller über diesen Typen hinwegkommst, und in den Achtzigern, dass du schneller Weltstar wirst, dann kam aber Madonna, und dann hast du gemerkt, dass du das nicht schaffst – nicht, dass du keinen brennenden Ehrgeiz gehabt hättest, im Gegenteil, aber du konntest da nichts kanalisieren, du wusstest nicht, wie man das macht.

Du hast dich noch ein zweites Mal geprügelt, mit Anne Jud. Das war Ende der Siebziger. Die hat dir im SO36 eine geknallt, du hattest so einen weißen Teddymantel an und warst irgendwie niedlich. Du warst einfach so ein niedlicher Typ, und das ist ihr irre auf den Wecker gegangen, und dann hat sie gesagt: »Jetzt hör auf, so niedlich zu sein, du bist zu niedlich«, und dann BÄM. Frauenbewegung. Extrem militante Frauenbewegung. Das hatte nichts mit einer freudigen Revolution zu tun, das war ein Resultat aus Misshandlungen und setzte sich aus nichts anderem zusammen als eurer Gemeinsamkeit der Benachteiligung. Man wollte nichts mehr hinnehmen, keine alltäglichen Demütigungen, hatte aber noch nicht die Erfahrung gemacht, dass man als Gruppe, die was will, auch irgendeine wie auch immer geartete Variante von Freude empfinden darf. Und muss. So fasst du das zusammen. Das war eine Klagegruppe. Keine Bewegung mit einem Bewusstsein dafür, dass man euphorisch sein sollte, um was verändern zu können.

Deshalb gab es Regeln. Und Verbote. Ihr durftet euch nicht schminken. Ihr durftet keinen Sex miteinander haben, ohne danach öffentlich das nicht revidierbare Statement äußern zu müssen, dass ihr von jetzt an lesbisch seid. Ihr durftet dies und das nicht, und ihr durftet echt nicht niedlich sein. Ihr habt euch gegenseitig gemaßregelt, durchgehend.

Du warst auf der Suche nach einer Gruppe. Du hattest deine Terroristengruppe nicht gefunden. Und deine Frauengruppe auch nicht so richtig. Und deine Punkgruppe war die Gruppe, der du dich am meisten zugehörig gefühlt hast. Also Lebensgefühl. Dass man Musik machte, ohne gut Gitarre spielen zu können.

Du hast angefangen, Texte zu schreien. Nicht singen, sondern schreien.

Diese Texte hießen »Ich will dich nicht« und »Depressiv«. Einfach nur anti anti anti anti anti. Das war eure Gruppe. Anti anti, das war das Gebet, das war das Mantra, anti anti anti. In alle Richtungen verzweifelt, 360 Grad Verzweiflung, immer nur nein nein nein nein. Alles wurde irre eng. Du durftest nicht schön sein, nicht attraktiv sein, nicht schlau sein. Alles, was es gab, war ein verzweifeltes Suchen, so nennst du es rückblickend, in dessen Rahmen immer wieder grundlos Bierdosen auf die Bühne flogen. Die vertrauensloseste Zeit, die du dir vorstellen kannst, gelebte Vertrauenslosigkeit. Jeden Tag gucken, ob noch die Bedingungen galten, die man gestern verabredet hatte, was in der

Regel nicht der Fall war und zu einer rabiaten Direktheit führte, mit der alle, wirklich alle, ohne sich an den Umständen oder den Zuständen der anderen entlangzutasten, alleine ihre eigenen Entscheidungen trafen, wie Falltüren, also:

Ich komm heute nicht zur Probe.

Ich steig aus.

Ich will nen anderen Bassisten.

Ich lös die Band auf.

Der Übergang der Siebziger zu den Achtzigern war fließend, aber in den Achtzigern gab es mehr Ausdrucksmöglichkeiten, sagst du. Ich muss ein bisschen grübeln, bis ich checke, was du damit meinst. Man hatte sich ein paar Jahre vorher also entweder für die Aufrechterhaltung bürgerlicher Strukturen entschieden oder dazu, sie einzureißen. Und wenn man alles eingerissen hatte, hatte man einen speziellen Freiraum. Was natürlich Spaß gemacht hat – diese Kraft zu spüren und am Ende irgendwie doch noch eine Gruppe gefunden zu haben, wenn auch nur eine anonyme, weltweite Gruppe, New York, London, San Francisco, Paris.

Ihr hättet euch in den Achtzigern besser ausdrücken müssen als vorher, sagst du, ihr musstet ja irgendwie miteinander umgehen. Ich bezweifle aber, dass ihr das hingekriegt habt. In den Siebzigern folgte man Bewegungen, ging auf Demos, man schloss sich so an. In den Achtzigern musstet ihr anfangen, euch zu unterhalten. Und Unterhaltungen fanden statt – waren aber, na ja, ziemlich ruppig, wie mir scheint. Ihr hattet alles weggesprengt. Erfolgreich euer Recht auf Ungemütlichkeit eingefordert. Und diesen verdammten Freiraum. Was machte man jetzt damit?

Erst mal gab es nur noch gut oder schlecht. Bei dir war alles schlecht.

»Da wirst du nicht die Einzige gewesen sein.«

»Nee.«

»Es gibt ja auch heute noch Leute, die immer alles schlecht finden.«

»Ja.«

Aber was zur Hölle war das? Eine Angstreaktion? Alles war schlecht, denn wenn man alles schlecht findet, muss man sich für nichts entscheiden. Und dann findet man mal kurz was gut und kann es aber auch sofort wieder schlecht finden.

Das war schwarz-weiß. Wie auch die Mode und die Fußböden, dieses wavige black and white. Und Gefühl war komplett out. Bloß kein Gefühl. Obwohl das fünfzehn Jahre vorher noch so händeringend erkämpft worden war, dieses Anrecht darauf, Gefühle äußern zu können, ohne dafür vom Rest der Welt abgeurteilt zu werden.

Du wolltest Bühnenbild studieren. Bist durch die Prüfung gefallen. Der Professor sagte, du solltest nächstes Jahr zurückkommen, wenn du es ernst meinen würdest, du meintest es aber offenbar nicht ernst. Dann bist du auf die Schauspielschule gegangen (»Messer« von John Cassavetes und ein Lied, »Night and Day« von Cole Porter), die du aus guten Gründen nicht zu Ende gemacht hast. Du erinnerst dich an einen Teil der Aufnahmeprüfung, bei dem ihr euch zu sechst auf einen Teppich setzen und improvisieren musstet, dass das ein Floß auf dem offenen Meer sei, nach zehn Sekunden fingen die ersten Kommilitonen an zu spielen, dass sie verdursten oder ertrinken oder zu kannibalistischen Wahnsinnigen werden, hat dich irre genervt. Dieses Suchen ging also weiter, dieses Suchen nach Selbstausdruck. Das du heute komplett albern findest, was aber damals das Einzige gewesen zu sein schien, was wichtig war. Ihr seid völlig egoman durch die Städte gelaufen und habt mantraartig vor euch hin gemurmelt, dass ihr jetzt mal rausfinden müsst, was ihr sagen wollt und wer ihr seid. Es drehte sich alles nur um einen selbst. Die anderen waren ein Spiegel, spiegelten im äußersten Fall das wider, was man selbst grade so durchmachte. In deinem Fall: diffuse Sehnsucht und klirrende Wut.

Ich wiederhole noch mal: diffuse Sehnsucht. Klirrende Wut.

Das ging vielen so. Und war für Mädchen schwieriger mit Handlungen zu kompensieren als für Jungs, ihr konntet euch ja nicht hauen oder prügeln, ihr wart einfach giftig zueinander. Freundschaften waren Benutzergeschichten. Obwohl du nicht mehr unterscheiden kannst, ob das wirklich mit den Wirrungen deiner Generation oder den Wirrungen jeder Generation in einem bestimmten Alter zu tun hat. Hin und her geworfen von deinen eigenen Gefühlen bist du morgens jedenfalls in den Supermarkt gegangen, damals wahrscheinlich noch zum Zigarettenholen oder so, und wenn dich die Kassiererin schief angeguckt hat oder du zumindest dachtest, dass die Kassiererin dich schief angeguckt hätte, bist du in Tränen ausgebrochen, dann war dein Tag im Arsch.

Irgendwann setzt du dich an den Küchentisch und schreibst einen Text auf. In ein kleines Heft. Ich stelle mir dich dabei unter einer Glühbirne sitzend vor, an einem Tisch aus zwei Böcken und einer Pressholzplatte, das geht aber nicht mit dem schwarz-weißen Fußboden zusammen, über den wir uns vorhin so ausgiebig miteinander unterhalten haben. Wenn ich mir vorstelle, wie du zu einem bestimmten Zeitpunkt an einem bestimmten Ort sitzt, verschwimmen die Settings, dein Kinderzimmer mit cleaner Yuppie-Moderne, im Bett ausgeleerten Aschenbechern und, ich weiß nicht, Discokugel oder so. Aber ich stelle mir vor, dass dieser Moment, in dem du vor deinem Heft sitzt und zum ersten Mal einen Text aufschreibst, was zu tun hat mit dem, was später auf Lanzarote passieren wird. Du schaffst dir einen Kontext, in den du dich zurückziehen und in dem du dich aufhalten kannst, der nur dir gehört. Arbeit als ein immer zugänglicher Raum, unabhängig von Reaktionen und Spiegelungen und dem Wahnsinn der anderen.

Es gab ein Schlüsselerlebnis mit einer Frau, die für dich rückblickend den verdrehten Feminismus der Siebzigerjahre verkörpert. 1983 oder so, da war schon ein bisschen Alarm, ihr hingt im Florian in Charlottenburg rum, so düdeldüdeldü, und diese Frau gehörte noch zu einem anderen Umfeld, wie du sagst, bisschen älter und lebensweltlich in einer offenbar noch schwierigeren Situation als du selbst, deshalb besonders hart drauf, das schimmerte durch. Und die hat dich dann – du weißt nicht mehr, was du gesagt hast, aber sie guckte dich auf einmal von der Seite an und meinte: »Du bist ja auch so ein Vögelchen, oder?«

Und dann hat sie noch was Beleidigendes hinzugefügt, was du inzwischen verdrängt hast. Aber alleine dieses Wort – Vögelchen. Du bist irre sauer geworden und hast einen Stuhl umgeschmissen und bist rausgerannt, weil dir das vorkam, als würde sie dir was wegnehmen wollen, eine Freiheit oder einen Ausdruck, der in ihrem eigenen emanzipatorischen Kampf nicht vorkommen durfte.

Du hast das als Bedrohung empfunden. Du hast dich bedrängt gefühlt von dieser Bewertung.

Vertrauen war etwas, das du nicht vermisst hast. Weil du nicht wusstest, was es ist. Du hast nur irgendwann mit Ende zwanzig mal kapiert, dass du dich danach sehnst und dass du das nicht findest.

»Wann hörte das auf? Mit diesen Bewertungen?«

Erst zehn Jahre später. Du erinnerst dich an einen Moment mit einer Freundin, die du Mitte der Neunziger durch Tommi kennengelernt und plötzlich mit so Worten wie »Scheißibert« angeredet hast. Das war Michaela. Ungebrochene gute Laune, auf einmal nannte man sich Scheißibert. Es ging nicht mehr darum, sich miteinander zu vergleichen oder sich gegenseitig zu maßregeln, das war vorbei. Es war auch völlig egal, ob man was mit Männern oder Frauen hatte, es wurde niemand mehr gescannt, man versuchte, die anderen nicht mehr in vorgefertigte Bilder zu zwingen und sie an diese Bilder anzugleichen, um sie entsprechend bewerten zu können. Mit Scheißibert ist dir was Fundamentales klar geworden, Scheißibert sagte nämlich, dass du genauso hart drauf seist, wie es die Umstände waren, die dir Schwierigkeiten machten. Du hattest harte Sichtweisen, darauf hat sie dich hingewiesen. Du warst zu hart in deinen Urteilen Sachen und Leuten und Situationen gegenüber.

Das hängt mit etwas zusammen, was du Stahlschienen nennst. Du hast dir Stahlschienen angelegt, du hast dich bewaffnet, weil du dich schützen wolltest, weil du dich die kompletten Achtziger über gefragt hast, was du mit diesem Leben machen sollst, wie du durch dieses Leben überhaupt durchkommen sollst.

War das reine Härte oder Zynismus? Vielleicht eine bewusste Härte auf der Suche nach Schutz, harte Schutzwand, um nicht verletzt zu werden. Du warst jung, du warst unsouverän, du hast dir überall wehgetan. Das Einzige, was dir niemand wegnehmen konnte, war der Moment, in dem du anfingst zu arbeiten. Der einzige wirksame Bereich, der eine Einkapselung und einen Schutzraum jenseits der Schlacht ermöglichte. Dieser Zustand ist als Vorgeschichte zu 2raumwohnung interessant.

Die Leute denken ja, oder manche Leute denken das zumindest, das seien alles so leichte, schöne Sommertexte, blabla. Stimmt in manchen Fällen vielleicht. Aber ein Großteil dieser Texte resultiert aus der tieftraurigen Orientierungslosigkeit von Momenten, in denen du haarscharf an einer lebensverkürzenden Depression entlanggeschlittert bist. Jungsein hast du dementsprechend nicht unbedingt toll in Erinnerung, du findest jetzt alles besser. Wie ist es dir gelungen, diese Traurigkeit umzudeuten und zu etwas zu machen, das Menschen beim Anhören für unbeschwerte Lebensbejahung halten? Weil du was begriffen hast, nehme ich an. Du hast begriffen, dass Lieder eine andere Nachhaltigkeit haben, wenn sie nichts beklagen. Ich frage dich, bei welchem deiner Songs die Diskrepanz am größten ist, wo also die Stimmung, in der du ihn geschrieben hast, diametral entgegengesetzt ist zu der Stimmung, die er verbreitet.

Musst du noch mal gucken, fällt dir gerade nicht ein. Halte ich für ein gutes Zeichen.

*

Solltest du bestimmte Eckdaten deiner Karriere vergessen haben, fang an, dich zu googeln, ich bin hier nicht angetreten, um deinen künstlerischen Werdegang anhand akribischer Aufarbeitung irgendwelcher Veröffentlichungstermine aufzulisten. Aber du kannst dich nicht googeln. Du kriegst 'nen Kotzkrampf, wenn du dich googelst. Du bist zu protestantisch erzogen dafür. Glaubst du.

Anfang der Achtziger hast du jedenfalls diverse Erfolge gehabt, die Neonbabies, du und deine Schwester, haben 20.000 Alben verkauft, aus dem Nichts heraus, dann Riesenplattenvertrag gekriegt – und sofort gar nichts mehr verkauft.

Dann hast du diese »Codo«-Geschichte gemacht, düse, düse im Sauseschritt, als blaues Alien, das auf einer Schaukel sitzt. Riesiger, europaweiter Erfolg. Dann mit deiner Schwester zusammen noch zwei Alben, wieder nicht so dolle gelaufen – jedenfalls mit unterschiedlichsten Projekten immer irgendwie erfolgreich gewesen und dann nicht mehr, du warst wie eine Art Pferd, man hat auf dich gesetzt, die Firmen funktionierten so. Was schon mal Erfolg hatte, kann unter Umständen noch mal Erfolg haben, mehr war da auch absolut nicht dahinter. Es war immer nur dieser eine Satz:

»Der Hit muss her.«

Die ganze Zeit. Immer. Jeden Tag. Immer diese engstirnige, strikte Suche nach dem großen Wurf. Das wurde auch von allen permanent als das ultimative Mantra verkündet, von den Verlagen, den Plattenfirmen. Wo ist der Hit? Der Hit muss her. So ein absurder Scheiß. Immer nur Druck, durchgängig.

Du weißt nicht, ob das stimmt. Das weißt du bis heute nicht. Ob das stimmt. Dass der Hit hermuss.

Ausverkauf jedenfalls. Schlechte Musik. Man hing mit diesen Konzernen zusammen, hatte irgendeinen Plattenvertrag, verdiente Geld, alles war furchtbar. Der Sound wurde uninteressant, es war zu spät. Und Punk gab es nicht mehr, wirklich nicht.

In diesem abgeschlossenen, wirklich runtergerockten Berlin entstand nichts Neues, London war sofort ein komplett anderer Vibe. Du bist '87 nach London gegangen und bist dann drei Jahre lang gependelt, in London hast du an deinem Soloalbum gearbeitet, im Studio von Trevor Horn, das war mühsam, sagst du, zwar musikalisch interessant, aber mühsam, ich stelle mir das jetzt wie eine Art Ausbildung vor. Mit verschiedenen Autoren zusammengearbeitet, Liam Sternberg zum Beispiel, der hatte »Walk like an Egyptian« geschrieben und dann noch, Mist, o Gott, wie hieß der noch mal, weißt du gar nicht mehr, aber wirklich nette Leute. Auch der Bassist von Pink Floyd, Guy Pratt. Ihr wart dann auch immer auf irgendwelchen Hochzeiten. Von jemandem von Pink Floyd zum Beispiel. Aus Berlin weg und in eine andere deutsche Großstadt zu gehen, wäre keine Alternative gewesen, also London. Und Jürgen Teller hat da ein Foto von dir gemacht. Musst du mir mal irgendwann zeigen. Du hast in London dein Soloalbum aufgenommen, schwierige Zeit. Das Soloalbum heißt »Planet Ost«, ist 1988 erschienen, du besitzt es nicht.

Du wolltest nicht mehr singen danach. Weil du absolut nicht wusstest, was du hättest sagen wollen, das Popding war vorbei.

Und dann fiel die Mauer. Nicht, dass du in Berlin geblieben wärst, wenn die Mauer nicht gefallen wäre, du wärst in London geblieben oder irgendwie rumgeeiert, New York wahrscheinlich. Aber die Mauer fiel, und plötzlich wurde alles besser, und alles machte Sinn, und Berlin machte Sinn.

Die Musik war neu. Das war eine neue, sehr konkrete Bewegung. Du weißt nicht mal mehr genau, wovon du gelebt hast zu der Zeit, offenbar gab es immer noch irgendwelche den Plattenfirmen aus der Seite rausgequatschte Vorschüsse, außerdem hast du dann doch noch mal ein Soloprojekt gestartet. Dieses Bambi. Gewissermaßen eine Art Elektropopvorläufer, da hattest du immer diese rote Perücke auf, diese kurze rote Perücke. Wie Pumuckl sahst du aus, bisschen auch nach der vor zwanzig Seiten erwähnten Mangafigur, Gwen Stefani hat hinterher so was Ähnliches versucht. Und du hattest immer Domenico und Akihiko dabei, das waren zwei so kleine Männer, ein Italiener und ein Japaner, die hattest du immer an der Hand. Die waren so groß wie du. Und wenn du hohe Schuhe anhattest, dann waren die ein bisschen kleiner.

Und das war im Grunde dein Popkonzept. Eine große Frau zwischen zwei kleinen Männern.

Domenico ist inzwischen bildender Künstler und lebt in Mexiko. Den hattest du damals beim Ausgehen kennengelernt, der wollte einfach ein bisschen mitmachen. Akihiko hast du über Andreas Dorau kennengelernt. Und Akihiko ist zwei Jahre später an Heroin gestorben. Du wusstest, das hat alles keinen Sinn. Du hast deinen Plattenvertrag aufgelöst. Und dann eben erst mal gar nicht mehr gesungen. Wenn wir die Zeit vor und nach Bambi zusammenrechnen: zehn Jahre lang nicht.

*

Wann du zum ersten Mal Techno gehört hast? '89 schien sich eine Art schleichendes Bewusstsein dafür zu entwickeln, dass jetzt etwas Neues anfängt. Originaltechno lief zum ersten Mal in Berlin. Im Tresor. Jeff Mills, Underground Resistance.

Das war 1990. Im April oder im Mai 1990. Das war bahnbrechend. Du hast da auch nicht mehr über dich selbst nachgedacht, was anderes war interessanter als du. Du hattest nie wirklich getanzt zu dem Zeitpunkt und Disco immer irgendwie doof gefunden, aber plötzlich fingst du an zu tanzen. Weil das einfach unglaublich gute Musik war.

Der Beat. Der Beat und der Groove. Was unterscheidet einen guten Groove von einem schlechten? Das ist ja so minimal. Und für Leute, die nicht die geringste Erfahrung damit haben, schwer bis überhaupt nicht zu erkennen. Es ist völliger Quatsch, dass Techno immer gleich klingt, aber wenn du die ganze Zeit was anderes hörst, hört sich das *natürlich* alles gleich an. Bei klassischer Musik ist das ähnlich.

Ein guter Groove bewegt sich jedenfalls, die ganze Zeit, wie ein Herzschlag, der geht erkennbar lebendig in deinen Körper.

»Und schlechter Groove, was macht der?«

»Schlechter Groove prallt einfach ab. Da passiert nix.«

Jedes Wochenende gab es einen neuen Sound. Jeff Mills, der immer da hinter seinem Pult stand und diese wahnsinnig schnelle Musik auflegte, 138 Beats per Minute. Jede Platte ein bis zwei Minuten, und dann warf er die nach hinten, obwohl man Vinyl natürlich besser hätte behandeln müssen, was er aber eben überhaupt nicht gemacht hat. Der hatte diesen Berg Platten vor sich, gibt es wahrscheinlich sogar auf YouTube, und hat dann einfach eine Platte nach der anderen so nach hinten geworfen und dann eine neue aufgelegt. Du weißt nicht, ob ihm später jemand dabei geholfen hat, diese zerkratzten Platten wieder einzusammeln. Irgendwer wird das wohl gemacht haben. War aber auch egal.

Die Autobahnen waren kaputt. Ihr seid zum Kraftwerk-Konzert nach Leipzig gefahren, mit den schwarzen Jungs aus Detroit. Und die Autobahnen waren eben kaputt, ein komplett zerstörtes, aufgelöstes Land, an bestimmten Flecken hätte man nicht mal mehr beurteilen können, ob man sich gerade im Zweiten Weltkrieg oder in Ulan-Bator befand, lauter Trümmerhaufen.

Du weißt noch, wie ihr in der Zeit zum New Music Seminar nach New York geflogen seid und du merktest, dass Techno too much war für Amerika, man konnte das da nicht spielen, das ging nur in Berlin. In New York war alles soft und housig. Und in Berlin hämmerte es, es hämmerte die ganze Zeit, es gab keinen besseren Sound für diesen Ort und keinen besseren Ort für diesen Sound.

Die totale, brachiale Härte in einer harten, chaotischen Landschaft. Minus und Minus wird Plus. Oder auch nicht. Vielleicht wird Minus und Minus erst recht Minus.

Die Leipziger Straße, die Wilhelmstraße, das war alles Wasteland.

Und das Planet war im Grunde der erste Technoclub. Köpenickerstraße. Paarmal umgezogen, irgendwann nach Alt-Stralau. Hinterher hat das Planet sich zum E-Werk enwickelt.

»Das E-Werk hieß vorher Planet?«

»Ja, das E-Werk hieß vorher zweimal Planet.«

Ein abgeranztes Warehouse an der Spree, eine mit tollem Licht ausgestattete Lagerhalle. Alles war bunt. Dann wurde da eine Anlage reingestellt, und die Berliner DJs fingen an zu spielen. Rock, Johnson, DJ Dick, Woody, Westbam natürlich. Keine Frauen, by the way. Du warst die erste Frau auf Tresor Records. Das war »Tresor Records Vol. 7« und du hast deinen Track als Ingator veröffentlicht.

Und dann kamen Leute aus der ganzen Welt und gingen in diesen Club, man kann das wahrscheinlich wirklich nur als »kulturell prägenden Moment« bezeichnen. Du konntest das auch keinem erklären. Du hast versucht, ein paar zu Hause gebliebenen Freunden aus Westdeutschland zu vermitteln, was da los war, aber es ging nicht. *Ja, da ist so ein Club eben, und da ist laute Musik, und da treffen Narkoseärzte auf Maurer und tanzen zusammen,* ja, toll, was soll daran geil sein?

Im Planet standen jedenfalls auf einmal dreißig Chinesen. Du weißt nicht, wo die plötzlich herkamen, ursprünglich aus der DDR jedenfalls. Dreißig Chinesen oder hundert Chinesen. Auf einmal nur noch Chinesen. Und dann kamen Frauen rein. Und auf einmal entschieden sich alle Frauen, ihre Oberteile auszuziehen und oben ohne zu tanzen. Solche Momente. Wobei du nicht hundertprozentig sicher bist, ob das mit den Chinesen und den Frauen wirklich derselbe Abend war.

Diese Bewegung war ausgerichtet auf die Freude im Leben, die Mauer war weg, die Leute lagen sich in den Armen und dachten, das ist es jetzt, Weltfrieden, es gibt kein Zurück mehr. Nach diesen bösen Achtzigern durfte man plötzlich Vögelchen sein. Und es war immer Sommer. Weil es so heiß war in diesen Clubs, und du hast da im Dezember dann echt in irgendeiner Männerunterhose von Schiesser rumgestanden, mit dicken Stiefeln, vielleicht noch ein Hemd drüber, vielleicht aber auch nicht, du standest da praktisch in Unterwäsche in diesem Club, draußen Minusgrade, und es gab auch Leute, die rannten mit Wasserpistolen rum.

»Als Accessoire oder was?«

»Ja, vor allem die Frankfurter. Oder Sven Väth, der plötzlich in einer Plastikritterrüstung vor mir stand. Das Bild hängt bei uns im Büro. Zeig ich dir gleich.«

Im Prinzip habt ihr also nächtelang nur dagestanden und gesagt: »Das gibt's doch gar nicht. Das kann alles nicht wahr sein.«

Strobo, immer Strobo und unfassbar laut da unten. Jeder Epileptiker wäre gestorben. Und die Leute hatten Sex auf der Tanzfläche. Nee, wirklich. Und auch neben der Tanzfläche. Aber es war egal. Die schönsten Partys waren im Tresor. Mein Vater hat da seine Exfreundin zum ersten Mal geküsst.

Der Tresorraum eines alten Kaufhauses, der nach dem Krieg nie wieder geöffnet wurde und jahrzehntelang vor sich hin geschimmelt ist, Deckenhöhe zwei Meter fünfzig, immer Nebel, brachial laut, ein Ort, von dem man sich wirklich nicht vorstellen kann, dass sich Menschen den mal freiwillig angetan haben. Und in dem es entsprechend gerochen hat.

Ihr seid davon ausgegangen, euch dadrin irgendwelche schlimmen Pilzinfektionen zu holen, an denen ihr zwanzig Jahre später alle gleichzeitig sterben würdet. Aber du kriegst Gänsehaut, wenn du daran denkst, immer noch und immer wieder.

»Weil das die schönste Hölle war. Die schönste, wirklichste, echteste Hölle, die du dir vorstellen kannst.«

Dort ging dein sich über Jahre hinziehendes Erlebnis los, bei der

Entstehung einer Musik dabei zu sein, die die kalten Achtziger abgelöst und sich jeden Abend weiter- und weltweit zu dieser Bewegung entwickelt hatte. Einer Musik, zu der Leute tanzten, auf dem Klo über ihre Probleme redeten und dann weitertanzten, ihre Traurigkeit wegtanzten, ihre Depressionen bezwangen, den Krieg aus den Bunkern rausfeierten.

Diese ganze Technogeschichte. Und das ganze Ecstasy. Muss man ja auch mal sagen. Dass das was Bestimmtes ausgelöst hat.

Du kannst dich erinnern an die Zeit, in der du zum ersten Mal Ecstasy genommen hast, daran, dass du dachtest, es sei ein Frevel, sich jemals wieder in eine Depression fallen zu lassen. Dass das einfach nicht noch mal passieren darf. Vorher machst du Sport oder sonst irgendwas und bewegst dich halt und tust alles, was du kannst, alles Laienhafte, was in deiner Macht steht, um dagegenzuarbeiten.

Natürlich war das eine Überhöhung. Eindeutig. Aber es war kein falsches Gefühl. Ecstasy zu nehmen führt zu einer Überhöhung, aber auch zu einer Erfahrung. Du hattest nie unter pathologischen Depressionen gelitten, wegen derer du ins Krankenhaus gemusst hättest, aber du warst dein Leben lang auf einer speziellen Kippe. Und musst zugeben, dass das am Ende ein gewisser Motor für deine Arbeit gewesen ist, die Angst, da reinzufallen, der man echt nur entgegenkam, indem man sich verausgabte. Mit Tommi konntest du darüber reden. Weil der an derselben Kante stand.

Du hast angefangen zu programmieren. Einen eigenen Sound zu entwickeln, was nicht leicht war, am Ende vielleicht nicht mal funktioniert hat, aber ein Teil davon fließt noch heute in die Musik, die ihr macht. Es ging bei Techno nicht mehr darum, dass jemand als Hohepriester auf einer Bühne stand, die Rocksituation löste sich vollständig auf. Es ging ums Tanzen. Es gab einen DJ, klar, da guckte man auch mal hin. Aber im Grunde ging es um das Miteinander in einem Raum. Und darum, dass die Musik niemandem zuzuordnen war. Höchstens mal ein Wort oder ein Satz als kurze Erinnerung daran, dass Menschen Stimmen haben. Aber das reichte eben. Keine Geschichte. Kein Personenkult. Keine Einzelfiguren. Das war deine Rettung, wobei mir der Begriff Rettung in diesem Kontext echt ein bisschen zu abgeschmackt vorkommt – das war die Grundlage dafür, dass du später einen absolut singulären Neuanfang hingekriegt hast, der nichts mit so einer bürgerlichen Scheiße wie »Comeback« zu tun hatte.

Weil mir nichts Besseres einfällt, frage ich dich nach deinem *Tagesablauf.* In den Neunzigern. Also nach deinem Tagesablauf in den Neunzigern, mein Gott. Du antwortest, dass du dich natürlich erst mal von deinem Freund getrennt hast, um mit Tommi zusammenzukommen, weil du dich so in Tommi verliebt hast, und dann gab es Übergangswohnungen, alles Chaos, bis ihr zusammen diese Fabriketage in Kreuzberg gefunden habt. Da ist jetzt FLUX FM drin. Gehörte damals der Exfrau von Oskar Lafontaine, so einer Keramikerin, die euch eben diese riesige Etage mit Käferplage überließ. Der sogenannte Kornkäfer war das. Der kam immer im Frühling und im Herbst. Und der *Tagesablauf* ging so:

Du bist aufgestanden. Wahrscheinlich gegen zwölf. Dann hast du erst mal einen Joint geraucht. Dann hast du ungefähr zwei Stunden lang telefoniert, mit allen möglichen Leuten, mit Rose und Domenico zum Beispiel. Dann hast du dir den zweiten Joint angezündet. Und dann hast du einen kleinen Paranoia-Anfall gekriegt und erst mal die Klappe gehalten aus Angst, am Telefon Scheiße zu reden. Tommi studierte noch Jura, der musste ja erst mal seinen Abschluss machen. Tommi war also immer in der Uni, wenn du da in diesem Loft so gegen zwölf Uhr aufgestanden bist und telefoniert hast.

Nachmittags bist du in euer Studio gegangen und hast Ideen aufgenommen. Wie eine Wahnsinnige. Texte aufgeschrieben, Sachen programmiert, unglaublich viel gesammelt, sehr viel Zeug, das du Jahre später tatsächlich für 2raumwohnung benutzen konntest. Alles aufgeschrieben, alles aufgenommen. Du hattest keinen Druck mehr, irgendwas zu veröffentlichen, niemanden mehr im Nacken, der einforderte, dass du jetzt ohne Rücksicht auf Verluste dein Scheißalbum fertig machen sollst, niemanden mehr, der sagte, dass jetzt unbedingt der Hit hermüsse.

*

Du sagst: »Diese beknackte Taube hier immer.« Wir sind noch auf eurer Terrasse, was heißt noch.

»Soll ich die Fliege mittrinken?«, frage ich.

»Fliege im Glas?«

»Ja.«

»Kipp das besser aus.«

»Ist das nicht blöd für die Pflanze?«

»Werden wir ja sehen«, sagt Tommi.

Du sagst: »Nein, ist doch wunderbar. Wenn die gleich anfängt zu lallen.«

Wir denken nach.

»Weiß man auch genau, wie diese Pflanze besoffen aussehen würde.«

»Ich weiß das auch ganz genau.«

»Ja. Ich auch.«

»Und wann fing Techno an, ein Massenphänomen zu werden? Wann genau?«

Irgendwann gab es Radiosendungen, in denen Techno gespielt wurde. 1990.

Und dann die großen Love-Parades, plötzlich wurden die Leute zugeschissen mit Geld. Die Anwälte waren unterwegs und verkauften Markenrechte, auf einmal standen bei der Love-Parade eben Anwälte auf der Siegessäule. Irgendwann checkten die Leute, dass man mit Techno unheimlich viel Geld verdienen konnte. Und die Zigarettenfirmen pumpten überall Kohle rein, und ihr habt das ein bisschen ignoriert. Scheißegal, sollten die doch Geld verdienen, besser sie verdienen ihr Geld mit euch als mit irgendwelchen anderen Idioten.

Sowieso, Love-Parade, das wurden dann von Jahr zu Jahr mehr Leute. Am Anfang 3.000, am Ende eine Million. Und ihr wart durch souveränes, langjähriges Feiern ein unabdingbarer Teil dieser Kultur geworden. Und den ganzen Rechten wurde dann auch Ecstasy gegeben. Weil ihr dachtet, das würde denen guttun. Ihr habt gedacht, wenn die

Nazis Ecstasy nehmen, dann sind die nicht so böse. Wobei das echt eine Randgeschichte ist und eher bei Open Airs auf dem Land vorkam.

»Ihr habt rechten Partybesuchern Ecstasy verabreicht?«

»Das wurde denen zumindest irgendwie schmackhaft gemacht.«

»Aber WIE denn?«

»Ja, einfach so: ›Hey, willste nicht mal 'ne Pille nehmen?‹«

»Und dann haben die das gemacht?«

»Weiß ich auch nicht mehr so genau. Das war auf jeden Fall richtig Thema. Ständig sagte irgendwer, dass man den ganzen rechten Nasen jetzt mal 'ne Pille geben solle, ›vielleicht wirkt das ja bei denen‹. Ich habe die jedenfalls tanzen sehen.«

Man verabredete sich. Für nachmittags so um zwei, irgendwo draußen. Dann ging man los. Und auf einen der Wagen. Tommi erinnert sich an die letzte Love-Parade auf dem Ku'damm und dass es da keine Leute mehr gab, nur noch eine Menschenmenge. Er hatte eine Uhr mit Thermoscanner. Und egal, wo er damit hingeleuchtet hat, diese Uhr zeigte immer 37 Grad Körpertemperatur an, alle kochten.

Am Schluss haben die ganzen Wagen immer Radio gespielt. Radio Fritz stand am großen Stern, das wurde übertragen, die LKWs machten ihre Radios an, und alle hörten gemeinsam dasselbe. Einmal durch den Äther und zurück, und dann spielten alle eben denselben Radiosender. Ihr habt angefangen zu heulen, weil das so unglaublich toll war, es ist kein Wunder, dass ihr dachtet, jetzt wird's nie wieder Krieg geben, nie wieder.

*

Dann seid ihr nach Lanzarote gefahren. Ihr habt »Sexy Girl« aufgenommen, und du hast gesungen, und du hast dich kaputtgelacht, du lagst in diesem Stuhl drin, mit Kopfhörern auf, und lachtest. Du wusstest, dass du deine eigene Grenze überschritten hattest, ohne es bewusst miterlebt zu haben. Danach konntest du dir als jemand anders gegenübertreten, wie nach einer Häutung, und der Nebel hatte sich verzogen. Und Tommi wollte einfach nicht Anwalt werden, er war einfach kein »Beißer«, sagt er selbst jedenfalls, wobei ich ihm da nicht ganz zustimmen kann. Jedes Ausgestalten eines Vertrages ist ja letztlich die Bearbeitung eines Konflikts. Und das wollte er nicht. Lanzarote waren für ihn die letzten Sommerferien, bevor der Ernst des Lebens zuschlagen würde, sein hoch motivierender Wunsch, in diesen Wochen was zu machen, das das Steuer noch mal rumreißt, hat sich irgendwie erfüllt. Die Kanzlei, in der er hätte anfangen sollen, wurde nicht eröffnet, ihr wart glücklich, ihr seid zurück nach Berlin geflogen.

1999 fragt euch eine gewisse Stephanie, ob ihr einen Song für eine Zigarettenwerbung komponieren wollt – der sollte ein bisschen nach Blumfeld klingen, und du weißt noch, wie du das Telefon in der Hand hast, um Gudrun Gut anzurufen und den Auftrag an sie abzugeben. In diesem Moment verspürtest du jedoch einen irrationalen Impuls, du weißt auch noch genau, wo du da standest, in Steglitz, auf der Straße vor dem Studio von Moritz von Oswald. Du hast in deinem Auto gesessen und gedacht: Vielleicht machen wir das doch lieber selbst.

Und dann kam dieses Fragment: »Wir trafen uns in einem Garten«.

Das war nur ein Fragment, nur eine einzige Strophe. Du hattest dieses Textfragment. Und Tommi hatte eine wahnsinnig verstaubte Gitarre, die er jahrelang nicht berührt hatte. Du erinnerst dich vor allem an den Moment in Steglitz, den Entschluss, den Song selbst zu machen. Und Tommi erinnert sich daran, wie er nach der Aufnahme des Songs in einem großen Bogen durch das Atelier eines befreundeten Künstlers gelaufen ist, neben dem ihr euer Studio aufgebaut hattet, und wie er spürte, dass das perfekt war, »perfekt« sagt man ja aber nicht. Eher: »Okay, das ist im Kasten.«

Ihr wolltet, dass sich der Bandname wie DDR-New-Wave von 1985 anhört oder von 1983. Vielleicht habt ihr deshalb auch bewusst diesen trashigen Sound konzipiert.

Der Ostler sagt ja »zwei Raum«, und der Westler sagt »zwei Zimmer«. War mir selbst nicht ganz klar vorher, deshalb halte ich es für nötig, das hier aufzuschreiben.

Der Bandname war also innerhalb von zwei Sekunden erfunden und die Antwort auf die Frage, wie sich eine NDW-Band in der ostdeutschen Provinz genannt hätte. Ihr habt da an Teenager in runtergekommenen Ostseeorten gedacht, Neunziger, nichts renoviert, mit einer gewissen Trostlosigkeit, irgendein Dorf auf dem Darst, in dem es eine einzige Bushaltestelle gibt und sonst nichts, und von dieser Bushaltestelle, dachtest du, da müsste diese Band her sein und den Wunsch haben, wegzukommen. Um dieses Gefühl ging es.

Und um Verliebtheit, die ja nicht immer schön ist, wie du sagst. Darum, wie die Intensität von Verliebtheit einen belästigt, darum, dass man ab und zu froh darüber wäre, nicht mehr verliebt zu sein, um endlich mal wieder an was anderes denken zu können. Um den Moment, in dem Verliebtheit anfängt zu nerven. Bisschen autobiografisch also.

Nebenan arbeitete ein Mechaniker, der in seiner offenen Garage immer an Autos rumschraubte, das Fenster war offen, ihr habt brachial laut euren eigenen Song gehört, der wummerte da so raus, und auf einmal schrie dieser Mechaniker: »Ey, dit is richtig jut!«

»Und was habt ihr dem geantwortet?«

»Ey, ja, toll und so.«

»Und warum Garten?«, frage ich.

»Das war ein englischer Text. Den hab ich zurückübersetzt. I met you in a Garden.«

»Aber warum *Garten*? Wie kam es dazu? Warum musste unbedingt dieser Garten vorkommen?«

Du weißt es nicht. Wahrscheinlich wegen Blumfeld. Blumen, Feld, erste Assoziation: Garten. Ging schnell.

2002 spielt ihr auf dem SonneMondSterne-Festival. Zu zweit auf der Bühne, du auf so einer Kiste, und da sind 8.000 Leute, die das toll finden.

Ihr habt beide das Gleiche an. Ich kenne Videos. Und du wartest immer auf deinen Einsatz, weil ihr live noch so irre unprofessionell seid, du guckst immer Tommi an, um rauszufinden, wann du anfangen musst zu singen.

Das war eine Weiterführung des Tresor, des Planet, gleichzeitig eine Weiterführung dessen, was du in den Siebzigern und Achtzigern gemacht hattest, irgendwas ging da auf. Der Clubmoment, die Performance, das blaue Alien, totale Fusion.

Tommi erinnert sich auch noch an was. An eine lustige Szene, wie er sagt, an einen Moment, in dem er wirklich nicht mehr kapierte, was los war. Ihr wart mal wieder irgendwo auf dem Land, hattet zwei Wochen vorher endgültig »Ich und Elaine« fertiggestellt, und du singst da eben nicht »Ich und Elaine«, sondern »Ich und *Elaine*«.

Und jedenfalls hattet ihr das gerade eben im Studio so weggepackt, dann seid ihr aufs Land rausgefahren und habt dort euer Auto geparkt, und dann steht ihr auf der Terrasse von irgendeinem Hotel, und plötzlich hört ihr euer eigenes Stück in der Ferne vor sich hin wummern. Tommi denkt, er wird verrückt, er fängt an, eure Songs zu hören, ohne dass sie laufen. Aber da fährt plötzlich ein tiefergelegter Vorstadt-Opel in weiter Ferne über einen Feldweg auf euch zu, und der kommt näher, und ihr könnt euch echt nicht vorstellen, dass das Lied aus diesem Auto kommt, kommt es aber, und dann parkt das Auto direkt vor der Terrasse, die Jungs machen alle Türen auf, dicke Anlage, und aus dem Auto wummert »Ich und Elaine«.

Tommi geht zu dem Fahrer und sagt: »Da läuft unsere Musik bei dir im Auto. Warum?«

Und der Fahrer: »Wie, eure Musik?«

Der Fahrer kapiert nichts, Tommi kapiert nichts, du kapierst nichts. Bis euch klar wird, dass der Song grade zum ersten Mal auf Radio Fritz läuft.

Und das ist so irreal – dieses bescheuerte lila gesprayte Auto mit Emblem auf der Frontscheibe, das aus dem Nichts über diesen Feldweg gekommen ist. Da war nicht mal eine Straße in der Nähe, um dahin zu gelangen, wo ihr wart.

Die Musik kam wieder zurück zu euch. In dem Moment, in dem sie endlich bei anderen Leuten war.

Extrem charmanter Faktor.

Stimmt das alles halbwegs? Wahrscheinlich nicht.

SONGS

KOMMT ZUSAMMEN
2001

1. Kommt zusammen
2. Du und ich
3. Sexy Girl
4. Nimm mich mit – Das Abenteuer Liebe usw
5. Bleib geschmeidig
6. Mit viel Glück
7. 2 von Millionen von Sternen
8. Liebe ohne Ende
9. Wir trafen uns in einem Garten
10. Lachen und Weinen
11. Sie kann fliegen
12. Wir werden singen

KOMMT ZUSAMMEN

TEXT: INGA HUMPE
MUSIK: INGA HUMPE & TOMMI ECKART

Man kann nicht alles denken was man fühlen kann
Jeder ist mal ganz allein
Immer wenn ich glücklich bin dann weiß ich schon
Es wird nicht für immer sein
Doch wenn ich mir was wünschen dürfte
Dann wär es der Moment
In dem wir nur wir selbst sind
Und jeder sich erkennt

Kommt zusammen
Das kann keiner allein
Fühlt zusammen
Was ich mein
Kommt zusammen
Seid ganz bei euch selbst
Fühlt zusammen
Was uns zusammenhält

DU UND ICH

TEXT: INGA HUMPE
MUSIK: INGA HUMPE & TOMMI ECKART

Du und ich
Und ich und du
Wir hören bis zum Morgen
Nur diesem einen Lied zu

Dab da da

Moi j'embrasse toi
Toi t'embrasses moi

Du und ich
Es ist ungefähr 17 Uhr
Wir gehen raus
Und die Sonne scheint

SEXY GIRL

TEXT: INGA HUMPE
MUSIK: INGA HUMPE & TOMMI ECKART

Sexy girl sexy girl

Sexy girl sexy girl

Wenn ich sehe wie du um die Ecke gehst

Wie du swingst und dich nach mir noch mal locker umdrehst

Und dein Rock – Schock – der ist doch indiskret

Mach die Augen zu sonst ist alles zu spät

Hier ist sie – die Wirklichkeit

Dein Rock ist ein megakurzes Mini-Kleid

Sexy girl sexy girl

Sexy girl sexy girl

Wenn ich sehe was mit deinem Mund passiert

Wie der plötzlich immer weicher nasser größer wird

Magnet-Mund rot verschmiert

In der dunklen Ecke hast du alle verführt

Tief rein werfen wir uns in die dicke heiße Luft

Wo uns niemand sucht – wo uns niemand sucht

Sexy girl sexy girl

Sexy girl sexy girl

Wenn ich sehe wie du deinen Arsch bewegst
Und mal wieder nichts unten drunter trägst
Weil dich dann jeder Blick berührt
Und du noch mehr spürst – noch mehr spürst

Pass auf jetzt
Das war doch dein Ziel
Dass dich hier jeder will
Und dich hier jede will

Sexy girl sexy girl
Sexy girl sexy girl

NIMM MICH MIT – DAS ABENTEUER LIEBE USW

TEXT: HEIKE KOSPACH
MUSIK: INGA HUMPE & UWE FAHRENKROG-PETERSEN

Es regnet nicht nur in der Regenzeit
Es schüttet aus Kübeln nur so runter
Wie stellst du dir das Wetter vor in Caracas
Das Leben in den Tropen ist viel bunter

Du sagst du ich bin kein Mann für eine Nacht
Ich muss nur immer irre viel verreisen
Heute hab ich mal darüber nachgedacht:
Deine Chance ist da – ich kann es dir beweisen

Nimm mich mit nimm mich mit
Nimm mich mit Tommi Boy
Auf das Abenteuer Liebe usw
Ich kanns sehen es wird gehen
Es wird doppelt-dreifach schön
Mit dir – du bist mein Begleiter

Ich mal mir alle unsere Möglichkeiten aus
Nordpol Südpol Großstadt oder Strand
Am Strand der ganze Sand
Vielleicht lieber doch aufs Land

Bin jedenfalls schon so gespannt

Mein Hund sieht inzwischen ganz traurig aus
Immer nur drinnen nie raus ausm Haus
Immer nur warten bis das Telefon geht
Und einer auf ne Reise in die Welt einlädt

BLEIB GESCHMEIDIG

TEXT: INGA HUMPE
MUSIK: INGA HUMPE & TOMMI ECKART

Das Leben ist mal wieder hart
Und du sagst komm bleib weich
Nach jedem Ziel wartet schon der neue Start
Und was heißt: wirklich reich

Apokalypse – auf die ist kein Verlass
Am Morgen stehen bei uns noch alle Häuser
Und leise wächst das Gras

Bleib ganz geschmeidig
Bleib ganz geschmeidig Baby

Jetzt kommen wieder härtere Zeiten
Und ich sag komm bleib weich
Wir müssen kämpfen und um alles streiten
Und ich sag – wenns nötig ist –
    mein schwarzer Hund der beißt

Alles kommt anders
Anders als man denkt
Mal musst du was bezahlen
Mal kriegst du was geschenkt

Bleib ganz geschmeidig
Bleib ganz geschmeidig Baby

MIT VIEL GLÜCK

TEXT: INGA HUMPE
MUSIK: INGA HUMPE & TOMMI ECKART

Wo gehts hier raus aus der Hölle

Wir sind schon so gespannt

Der Teufel und die Teuflin

Sind vorbeigerannt

Die besten Plätze sind vergeben

Vorne sitzen wir

Und so vergeht das Leben

Und zwar jetzt und hier

Das darf es gar nicht geben

Das führt zum Übermut

Bleib doch so mein Leben

Bleib so gut

Mit viel Glück

Muss man nie zurück

Nie nie mehr

Wie schön das wär

20 Stunden lang gen Süden

Echtes LSD

Kurz hängen geblieben
In Sonne und Schnee

Aspirin und Cola
Niemand sagt mehr was
Hab ich schon geschlafen
Oder bin ich noch wach

Das darf es gar nicht geben
Das führt zum Übermut
Bleib doch so mein Leben
Bleib so gut

Mit viel Glück
Muss man nie zurück
Nie nie mehr
Wie schön das wär

2 VON MILLIONEN VON STERNEN

TEXT: DANIEL BARTH
MUSIK: INGA HUMPE & TOMMI ECKART

2 von Millionen von Sternen
Die sich immer mehr voneinander entfernen

Er fuhr die Rolltreppe herunter
Ich fuhr sie hinauf
Er machte gerade die Augen zu
Ich machte sie gerade auf

Für einen kurzen Moment
Waren wir uns nah
Obwohl er mich nicht
Nur ich ihn sah

Wir waren 2 von Millionen von Sternen
Die sich immer mehr voneinander entfernen
2 von Millionen von Sternen
Die sich immer mehr voneinander entfernen
Von der Erde aus noch am selben Himmel zu finden
Doch dabei jeder in seinem eigenen All zu verschwinden

Der Sommer kam mit dir zusammen
Du hast ihn mitgebracht
Ich habe euch umarmt
Du hast viel gelacht

Der Sommer war
Millionen Jahre alt
Ich wusste wenn einer von euch geht
Dann wird es kalt

Wir waren 2 von Millionen von Sternen
Die sich immer mehr voneinander entfernen
2 von Millionen von Sternen
Die sich immer mehr voneinander entfernen
Von der Erde aus noch am selben Himmel zu finden
Doch dabei jeder in seinem eigenen All zu verschwinden

LIEBE OHNE ENDE

TEXT: INGA HUMPE
MUSIK: INGA HUMPE & TOMMI ECKART

Manchmal bist du wie aus Schaum

Mal wie aus Holz

Und mal aus Schokolade

Manchmal bist du stolz

Manchmal schießt du übers Ziel

Mal bist du gewollt

Mir bist du nie zu viel

Du bist pures Gold

Liebe ohne Ende

Sie ist einfach da

Einfach da

Manchmal kommst du viel zu spät

Sagst kaum Hallo

Bist ganz verdreht

Manchmal schläfst du irgendwo

Einfach wenn ich dich so seh

Für einen Moment

Werd ich plötzlich still

Weil ich dich genau so will

WIR TRAFEN UNS IN EINEM GARTEN

TEXT: INGA HUMPE
MUSIK: INGA HUMPE & TOMMI ECKART

Wir trafen uns in einem Garten

Wahrscheinlich unter einem Baum

Oder wars in einem Flugzeug

Wohl kaum wohl kaum

Es war einfach alles anders

Viel zu gut für den Moment

Wir waren ziemlich durcheinander

Und haben uns dann bald getrennt

Komm doch mal vorbei mit Kuchen

Später gehen wir in den Zoo

Und dann lassen wir uns suchen

Übers Radio

Ich weiß nicht ob du mich verstehst

Oder ob du denkst ich spinn

Weil ich immer wenn du nicht da bist

Ganz schrecklich einsam bin

Dann denk ich mal was anderes

Als immer nur an dich

Denn dass viele an dich denken

Bekommt mir nicht

Am nächsten Tag bin ich so müde

Ich pass gar nicht auf

Und meine Freunde finden

Ich seh fertig aus

Es hat seit Tagen nicht geregnet

Es hat seit Wochen nicht geschneit

Der Himmel ist so klar

Und die Straßen sind breit

Ist das Leben hier ein Spielfilm

Oder gehts um irgendwas

Wir haben jede Menge Zeit und du sagst:

Na ich weiß nicht

Stimmt das

Fahr doch mit mir nach Italien

Wir verstehen zwar kein Wort

Aber lieber mal da nichts verstehen

Als nur bei uns im Ort

Dann denk ich mal was anderes

Als immer nur an dich

Denn dass viele an dich denken

Bekommt mir nicht

Am nächsten Tag bin ich so müde

Ich pass gar nicht auf

Und meine Freunde sagen

Mann siehst du fertig aus

Alle Fenster mit Gardinen

Ich geh alleine durch die Stadt

Und frag mich ob mich jemand liebt

Und meine Telefonnummer hat

Warum immer alle fernsehen

Das macht doch dick

Ich stell mir vor ich wär ein Fuchs

In einem Zeichentrick

Dann denk ich mal was anderes

Als immer nur an dich

Denn dass viele an dich denken

Bekommt mir nicht

Am nächsten Tag bin ich so müde

Ich pass gar nicht auf

Und meine Freunde sagen

Mann siehst du fertig aus

LACHEN UND WEINEN

TEXT: INGA HUMPE
MUSIK: INGA HUMPE, TOMMI ECKART & MAX
LODERBAUER

Wenn ich glücklich bin

Und der Himmel in meinem Kopf ist blau

Wenn ich ruhig bin

Und gleichzeitig nach vorn und hinten schau

Wenn ich schwebe

Weil ich alles verzeihen kann

Und plötzlich die Welt versteh

Wenn ich wirklich lebe

Und mich selbst von oben seh

Dann ist Lachen

Lachen wie Weinen

Und Weinen

Weinen wie Lachen

Wenn ich stark bin

Und um mich sind Menschen dabei

Wenn ich mutig bin

Und mich einfach über nichts Besonderes freu

Wenn ich springe
Weil die Nächte so schön sind
Und die Tage gar nicht schwer
Immer wenn ich singe
Und mich selbst von innen hör

Dann ist Lachen
Lachen wie Weinen
Und Weinen
Weinen wie Lachen
Dadada
Dadada

SIE KANN FLIEGEN

TEXT: INGA HUMPE
MUSIK: INGA HUMPE & TOMMI ECKART

Sie war jung und sah gut aus

Sie wollte unbedingt weg von zu Haus

Sie träumte von einer großen Stadt

Weil man da die besseren Karten hat

Die Schule dauerte noch ein Jahr

Dann wird sie Model oder Popstar

Das hat sie sich ganz genau überlegt

Und heimlich Singen und Tanzen geübt

Sie kann fliegen

Weiter als die Gegenwart

Höher und höher

Doch das Runterkommen

Das ist hart

Dann hat sie sich zum ersten Mal verliebt

Er hieß Jon war DJ und sagte komm mit

Die beiden waren ganz schön verrückt

Und haben gleichzeitig auf alle Knöpfe gedrückt

Das erste Casting brachte einen Werbespot

Er wurde Resident DJ in einem Technoclub

Die alten Freundinnen sind neidisch wenn sie sie sehen
Weil sie im Supermarkt zu Hause an der Kasse stehen

Sie kann fliegen
Weiter als die Gegenwart
Höher und höher
Doch das Runterkommen
Das ist hart

Schon bald winkte der erste Plattenvertrag
Der Produzent sagte ok wenn du tust was ich sag
Sie sagte Sorry
Ich komm alleine klar
Und hat ein paar von ihren neuen Freunden gefragt
Die nahmen sie in ihre Studios mit
Der von der Plattenfirma sagte
Ich hör keinen Hit
Sie merkte dass das alles nicht so einfach ist
Doch tief im Inneren glaubte sie an sich

Sie kann fliegen
Weiter als die Gegenwart
Höher und höher
Doch das Runterkommen
Das ist hart

WIR WERDEN SINGEN

TEXT: INGA HUMPE
MUSIK: INGA HUMPE & TOMMI ECKART

Es ist kalt

Da wo du jetzt bist mein Freund

Darum schick ich

Ein kleines Feuer zu dir

Es ist dunkel

Da wo du bist mein Freund

Also nimm

Das kleine Licht von mir

Eines Tages

Komm ich zu dir nach Haus

Und unsere Freunde

Die kommen auch

Wir werden singen

Wie beim letzten Mal

Und es ist warm

Wie nie zuvor

Oh boy

Sie wartet lang auf dich

Da im Dunkeln

Nimmt sie dich bei der Hand

In meinen Träumen

Seh ich dich an einem schönen Tag

Ganz allein

Doch irgendwann

Werden wir singen

So wie immer schon

Und es ist warm

Wie nie zuvor

IN WIRKLICH
2002

1.   Da sind wir
2.   Ich weiß warum
3.   Ich und Elaine
4.   Wirklich sein
5.   Freie Liebe
6.   Mädchen mit Plan
7.   Weil es Liebe ist
8.   Mathematik
9.   Die Schwere
10.   Da stehst du
11.   Wir erinnern uns nicht

DA SIND WIR

TEXT: INGA HUMPE
MUSIK: INGA HUMPE & TOMMI ECKART

Bleib nicht wo du bist

Ganz egal wie es dort ist

Es ist immer schöner hier

Bei mir

Halt dich dort nicht fest

Ganz egal was dich nicht lässt

Der Nebel geht vorbei

Macht den Himmel frei

Da sind wir

Ich und meine Sehnsucht nach dir

Wir

Sind schon so viel näher bei dir

Komm her

Komm zurück

Spürst du meinen Blick

Gib mir jedes kleine Stück

Jedes Atom von dir

Gib es mir

Bald wirst du ja wach

Ganz egal was ich dann mach
Zwischen dir und mir
Ist nur eine offene Tür

Da sind wir
Ich und meine Sehnsucht nach dir
Wir
Sind schon so viel näher bei dir
Komm her
Komm zurück

ICH WEISS WARUM

TEXT: INGA HUMPE
MUSIK: INGA HUMPE & TOMMI ECKART

Ich weiß warum
Ich verrückt bin
Ich weiß warum
Es ist mir egal

Ich weiß warum
Ich nicht denken kann
Wenn du da bist
Kann ich nicht denken
Und ich mach weiter

DadadaDadada

Wenn du was sagst
Kann ich nicht zuhören
Wenn du was sagst
Muss ich dich nur ansehen
Wenn du was sagst
Fliegen deine Worte
Wie Blumen durch den Raum
Und ich versteh nichts

DadadaDadada

ICH UND ELAINE

TEXT: INGA HUMPE
MUSIK: INGA HUMPE & TOMMI ECKART

Ich und Elaine
Sie ist mein Party-Kapitän
Überallhin nimmt sie mich mit
Und für sie ist dieses Lied

Elaine und ich
Sie weiß alles über mich
Ich alles über sie
Sheriff and Deputy

Ich und Elaine
Ohne die andere geht es nicht
Das Institut
Erklärt wir tun uns beide gut

Ich und Elaine
Mit ihr ist alles angenehm
Sie hat mein Herz und ich hab ihrs
We are female musketeers

Sie ist mein Arzt
Macht mich glücklich und gesund

Ich bin für sie da
Bin ihre Katze und ihr Hund

Elaine
Elaine
Elaine

Ich und Elaine
We share the blood in our veins
Adventure team
Zusammen sind wir Medizin

Ich und Elaine
Ohne die andere geht es nicht
Das Institut
Erklärt wir tun uns beide gut

Elaine und ich
Liegen kreischend unterm Tisch
Was man mit ihr erlebt
Das erleben andere nicht

Ich und Elaine
Von außen kann man es nicht sehen
Wir sind aus einem Ei
I am the blue and she is the sky

Ich und Elaine
Mit ihr ist alles angenehm
Sie hat mein Herz und ich hab ihrs
We are female musketeers

Sie ist mein Arzt
Macht mich glücklich und gesund
Ich bin für sie da
Bin ihre Katze und ihr Hund

Elaine
Elaine
Elaine

WIRKLICH SEIN

TEXT: INGA HUMPE
MUSIK: INGA HUMPE & TOMMI ECKART

Wenn du wirklich wirst
Wenn du wirklich wirst
Wenn du wirklich wirst

Du bist mehr als du gedacht hast
Wenn du deinen Kern spürst
Wenn du wirklich wirst
Du willst da nicht mitmachen

Bei den Spielchen
Die fordern dass du unwirklich bist

Die heißen
Ich fühle nichts
Meine Haut ist dick
Jeder muss glücklich aussehen
Ich bin die Beste

Wenn du wirklich wirst

Wenn du wirklich bist
Dann sagst du Nein

Zu allem was dir die Luft
Abdreht
Wenn du wirklich wirst
Kommst du nach Haus
Zu dir selbst
Wo wir angefangen haben
Im Paradies zu leben

Wenn
Wenn du wirklich wirst
Wenn du wirklich wirst
Wenn du wirklich wirst

Wenn du wirklich wirst
Dann tut das weh
Dir und anderen
Dann hat das Glücklichsein eine Chance

Wenn du wirklich wirst

Wenn du still bist
Ist das kein Trick
Du befreist andere
Du spürst dich
Und was du kannst

Wenn du wirklich wirst
Wenn du wirklich bist

Dann bist du Sex
Was du sagst
Ist was du meinst
Was du glaubst
Ist was du lebst
Wenn du deinen Kern spürst
Wenn du wirklich wirst

FREIE LIEBE

TEXT: INGA HUMPE
MUSIK: INGA HUMPE & TOMMI ECKART

Ich kann nicht mehr zu Hause sein
Bin schon 100 mal bereit
Hast du gemerkt – etwas ist los
Ich glaube es ist Zeit für

Liebe
Freie Liebe
Liebe
Freie Liebe

Ich nehm dich mit in meinem transform car
Und halte dich in meinem Arm
Wenn du wieder aussteigst bist du ein anderer
Dein Blick ist weich und warm für

Liebe
Freie Liebe
Liebe
Freie Liebe

Hol dich aus dem Gefängnis raus
Hier in die Prärie

In meinem Rudel ist noch Platz
Für mon und ma chérie
Und

Liebe
Freie Liebe
Liebe
Freie Liebe

MÄDCHEN MIT PLAN

TEXT: INGA HUMPE & HEIKE KOSPACH
MUSIK: INGA HUMPE & TOMMI ECKART

Mädchen mit Plan

Lässt nichts und niemand an sich ran

Keiner kommt ihr nah

Sie ist eigentlich nicht da

Wo ist ihr Stern

Sie sieht den ganzen Tag nur fern

Alles was sie spürt

Ist nur fotografiert

Alle sollen sehen

Dass sie was kann

Am besten fängt sie mal

Als Gast in einer Talkshow an

Und sie wünscht sich

Dass sies irgendwann riskiert

Und sie hofft dass sie den Mut dann nicht verliert

Und dass ein Wunder passiert

Junge mit Wut

Weiß nicht warum er so was tut

Haut die Scheiben ein
Und fühlt sich allein

Wo soll er hin
Er möchte sehr viel Geld verdienen
Die Schule war zu blöd
Und jetzt ist es fast zu spät

Alle sollen sehen
Dass er es bringt
Sein Auto ist schnell
Und was er anfasst gelingt

Und er sieht sich
Und die Felgen sind poliert
Und er träumt
Dass man ihm ständig gratuliert
Und dass ein Wunder passiert

Und als sie sich sehen
Ist alles anders als man denkt
Einfach nur schön
Und das ganze Glück
Gibts geschenkt

Und der Funke

Hat sie gefunden und berührt

Und die beiden haben es sofort gespürt

Dass grad ein Wunder passiert

WEIL ES LIEBE IST

TEXT: INGA HUMPE & DANIEL BARTH
MUSIK: INGA HUMPE & TOMMI ECKART

Weil es Liebe ist
Und weil du es bist
Weil es Liebe ist
Weil es weil es Liebe ist

Sei still
Lass uns einfach nur lauschen
Lass uns viel
Vielsagende Blicke tauschen
Lass uns Liebe
Liebe versuchen
Du versuchst mich
Und ich versuche dich

Weil es Liebe ist
Und weil du es bist
Weil es Liebe ist
Weil es weil es Liebe ist

Bleib hier bleib bei mir
Bleib bei mir
Bleib hier

Es wurde Licht
Seit wir uns in den Armen liegen
Dieses Licht lass ich nicht
Nie wieder nach Hause fliegen
Schlaf ruhig ein
Ich schau dir dabei zu
Denn alles was ich will
Alles das bist du

Bleib hier bleib bei mir
Bleib bei mir
Bleib hier

Weil es Liebe ist
Und weil du es bist
Weil es Liebe ist
Weil es weil es Liebe ist

Don't play it cool
Don't be a fool

Weil es Liebe ist
Und weil du es bist
Weil es Liebe ist
Weil es weil es Liebe ist

MATHEMATIK

TEXT: INGA HUMPE
MUSIK: INGA HUMPE & TOMMI ECKART

Lass dich hängen

Lass dich gehen

Keinen sprechen

Keinen sehen

Ohne Leine

Ohne Ziel

Dieses Wenig

Das ist viel

Einmal kein Glück

Einmal Glück

Es ist alles Mathematik

Düt düt ...

Gib alles

Nur kein Geiz

Sich verschwenden

Jederzeit

Das bringt Spannung

Und Sinn

Eine Frage

Der Energien

Rauf und runter
Vor zurück

Es ist alles Mathematik
Düt düt ...

Rechne richtig
Rechne mit
Es ist alles Mathematik
Düt düt ...

DIE SCHWERE

TEXT: INGA HUMPE
MUSIK: INGA HUMPE & TOMMI ECKART

Hier irgendwo lauert die Schwere

Sie tut so als ob sie mich kennt

Sie will dass ich ihr gehöre

Und sperrt mein Herz in grauen Zement

Innen wird alles kahl

Verbrannt vertrocknet verstört

Aber das ist auch egal

Das Leben hat aufgehört

Weil die Freude – die Liebe – nicht klingt

Kommt die Angst und die Leere gewinnt

Niemand ist hier

Niemand ist hier bei mir

Sei doch jetzt hier

Sei doch jetzt hier bei mir

Irgendwo lauert die Schwere

Sie steht mir schon im Gesicht

Als wenn sie dort immer wäre

Kommt einfach und fragt mich nicht

Setzt sich fest in mein Gemüt

Entfernt jede neue Idee

Verirr ich mich im Dunkeln

Und tu mir weh

Weil die Freude – die Liebe – nicht klingt

Kommt die Angst und die Leere gewinnt

Sei doch jetzt hier

Sei doch jetzt hier bei mir

Niemand ist hier

Niemand ist hier bei mir

DA STEHST DU

TEXT: INGA HUMPE & DANIEL BARTH
MUSIK: INGA HUMPE & TOMMI ECKART

Ich dreh mich um
Und da stehst du
Den Regenschirm aufgespannt
Ich bin gespannt
Was du jetzt sagst
Dann gibst du mir die Hand
Wir lächeln
Und sagen Guten Tag
Ich kann gar nicht
Sagen wie ich dich mag

I'm in love with you
I'm in love with you

Du drehst dich um
Ich bleibe stehen
Du hast jemanden gesehen
Wir sagen Servus und bis dann
Denn da hinten kommt ein Mann

I'm in love with you
I'm in love with you

Ein Wagen hält und du steigst ein
Der Fahrer redet kurz mit dir
Ich seh er lacht
Und du lachst auch
Dann öffnest du die Tür
Du steigst aus
Und kommst zu mir
Aus deiner Tasche fällt ein Stück Papier
I'm in love with you
I'm in love with you

Ich schau dich an und bleib noch da
Es kommt mir vor – länger als ein Jahr
Jemand redet auf dich ein
Ich wär mit dir jetzt lieber allein

I'm in love with you
I'm in love with you

WIR ERINNERN UNS NICHT

TEXT: INGA HUMPE
MUSIK: INGA HUMPE & TOMMI ECKART

Wir erinnern uns nicht
An keine Zeit der Welt
Keine Verbindung hält
Wir erinnern uns nicht
An gar nichts hier
An gar nichts hier

Vorbei und noch nicht angefangen
Augen blicken endlos weit
Weiter noch als Angst und Schrecken
Und niemand findet die verlorene Zeit

Oben unten dunkel hell
Wo klopft wessen Herz
Innen außen weiß ich nicht
Lächelnd kommt ein Schmerz

Wir erinnern uns nicht
An keine Zeit der Welt
Keine Verbindung hält
Wir erinnern uns nicht
An gar nichts hier
An gar nichts hier

ES WIRD MORGEN
2004

1. Wolken ziehen vorbei
2. Spiel mit
3. Wir sind die Anderen
4. Jemand fährt
5. Machs einfach
6. Oben
7. Sasha (sex secret)
8. Cookies Cream
9. Ich denk an dich
10. Es wird Morgen
11. An einem sonnigen Tag
12. Zentralmassiv

WOLKEN ZIEHEN VORBEI

TEXT: INGA HUMPE & DANIEL BARTH
MUSIK: INGA HUMPE & TOMMI ECKART

Ich will stehen
Doch das ist unmöglich
Der Himmel über mir
Magnetisiert mich

Du willst liegen
Doch du bist zu leicht
Du kannst fliegen
Vielleicht

Wolken ziehen vorbei
Dunkel und hell
Langsam und schnell
Sie ziehen vorbei

Links und rechts
Sind nur Begriffe
Unsere Herzen
Sind Segelschiffe

Glück verbreitet sich in Wellen
An ganz wunderbaren Stellen

Du willst gehen
Doch der Boden zerfällt
Ohne Gewicht
Fliegst du durch die Welt

Ich will reden
Doch mir fällt kein Wort ein
Und wir scheinen
Langsam durchsichtig zu sein

Wolken ziehen vorbei
Dunkel und hell
Langsam und schnell
Sie ziehen vorbei

Links und rechts
Sind nur Begriffe
Unsere Herzen
Sind Segelschiffe

Glück verbreitet sich in Wellen
An ganz wunderbaren Stellen

SPIEL MIT

TEXT: MICHAELA SIMON & ALEXANDER ADOLPH
MUSIK: INGA HUMPE & TOMMI ECKART

Du schaust mich immer
Auf so eine Weise an
Dass ich genau
All deine Gedanken lesen kann

Darum weiß ich
Was du mit mir machen willst
Dass du von mir
Ganz bestimmte Sachen willst

Du kommst zu mir
Und spielst mit mir
Ich komm zu dir
Und spiel mit dir
Alles was wir tun
Ist eine Explosion
Alles um uns herum
Leuchtet schon

Ich schneide Grimassen
Und mir wird heiß
Du wirst vor Freude im Gesicht

Ganz weiß

Dann wirst du rot und möchtest

Lieber gehen

Doch ich hab das kleine Zeichen

In deinen Augen gesehen

Du kommst zu mir

Und spielst mit mir

Ich komm zu dir

Und spiel mit dir

Alles was wir tun

Ist eine Explosion

Alles um uns herum

Leuchtet schon

Du traust dich nichts zu sagen

Und ich bin wie du ganz still

Mein Herz schmilzt

Weil ich weiß was du spielen willst

Ich bin dein Raumschiff – ich bin dein All

Schieß mich los – ich bin dein Ball

WIR SIND DIE ANDEREN

TEXT: INGA HUMPE
MUSIK: INGA HUMPE & TOMMI ECKART

An einem Morgen um halb fünf
Sind wir hier in einem Raum
Wir sehen uns an
Dabei reden wir kaum

Die Straßen sind belebt
Viele Menschen gehen vorbei
Frühling 2007
Wir können alle andern sein

Wir sind die Anderen
Wir sind die Anderen
Die Anderen das sind wir
Die Anderen das sind wir

Wir sehen nichts voraus
Wir rennen direkt rein
Frühling 2007
Wir können alle andern sein

Wir sind die Anderen
Wir sind die Anderen
Die Anderen das sind wir
Die Anderen das sind wir

Wir sagen nicht mehr ich
Denn ich ist gar nicht wahr
Wir sagen du und wir
Unsere Grenzen sind klar

Wir sind die Anderen
Wir sind die Anderen
Die Anderen das sind wir
Die Anderen das sind wir

JEMAND FÄHRT

TEXT: INGA HUMPE
MUSIK: INGA HUMPE, TOMMI ECKART &
MORITZ VON OSWALD

Alles was klingt ist Musik

Es singen die Maschinen

Auf der stark befahrenen Autobahn

Und auf geraden Schienen

Hier und da Komplikationen

Mal beim Bremsen mal beim Start

Viele Irritationen

Verschwinden dann während der Fahrt

Jemand fährt

Nicht du

Du denkst du fährst

Doch du schaust zu

Jemand fährt

Immer vor dir

Du denkst du überholst

Doch du bist hier

Ich liebe diese roten Lichter

Wie sie alle anderen anschreien

Schwarzer Porsche – Angst vor Nähe
Oben fliegt das Blau vorbei

Jemand fährt
Nicht du
Du denkst du fährst
Doch du schaust zu
Jemand fährt
Immer vor dir
Du denkst du überholst
Doch du bist hier

MACHS EINFACH

TEXT: HEIKE KOSPACH
MUSIK: INGA HUMPE & TOMMI ECKART

Es ist spät
Oder auch früh
Und ich mach was
Was ich noch nie
Zuvor
Getan hab
Was ich noch nie zuvor
Getan hab

Ich fahre
Durch nasse Straßen
Ich will alles
Und nichts verpassen
Zwischen Traum und Tag
Zwischen Traum und Tag

Ich hab ein Ziel
Ich weiß genau was ich nicht will

Ich will dich nicht kennen
Will nichts von dir wissen

Wenn wir uns wieder trennen
Werd ich dich nicht vermissen

Langsam gehe ich
Durch die Räume
Ich gehe
Durch meine dunklen Träume
Ich bin bereit
Trinke tropfenweise Zeit

OBEN

TEXT: INGA HUMPE
MUSIK: INGA HUMPE & TOMMI ECKART

Alle wollen oben sein
Oben sein heißt super sein
Wir haben unten keine Zeit

Jeder holt den Andern ein
Darum immer vorne sein
Denn oben ist der Blick so weit

Wenn man einmal oben war
Ist die Welt erstaunlich klar
Und die Aussichten sind schön

Unten ist es auch ok
Doch wenn ich ehrlich in mich seh
Dann möcht ich immer oben sein

High
Oben macht frei
Oben macht schön
Bleib ganz kurz stehen
Hast du alles gut gesehen
Hast du alles gut gesehen

High

Höher gehts kaum

Dies ist dein Traum

Ewig hier stehen

Hast du alles gut gesehen

Es wird schon runtergehen

Viele Schafe trocknen schon

In zweiter dritter Generation

Doch auch die Erde oben dreht

Ich seh viele Klammern fest

An jedem der sich klammern lässt

Und hoffen nur dass er gut steht

Mit einem kleinen Risiko

Hilft man auch jemand anderem hoch

Und beobachtet genau

Wer sich länger oben hält

Weiß wie und wo man runterfällt

Denn Andere fallen sehen macht schlau

High

Oben macht frei

Oben macht schön

Bleib ganz kurz stehen

Hast du alles gut gesehen
Hast du alles gut gesehen

High
Höher gehts kaum
Dies ist dein Traum
Ewig hier stehen
Hast du alles gut gesehen
Es wird schon runtergehen

SASHA
(SEX SECRET)

TEXT: INGA HUMPE
MUSIK: MOGUAI, PHIL FULDNER, MICHAEL BELLINA,
INGA HUMPE & TOMMI ECKART

Ich kann nicht aufhören
Ich seh dich einfach an
Lass dich nicht stören
Meine Augen bleiben dran

Du siehst so gut aus
Zu schön für den Verstand
Und ich weiß gar nicht
Bist du Frau oder Mann

Secret
Sex secret
Your sex secret

So geht es allen
Alle Augen sind auf dir
Jeder will dir nah sein
Du kannst ja nichts dafür
Ich geb dir was du willst
Du löffelst langsam mein Gehirn

Wir knien vor dir nieder
Auf allen Fünfen oder Vieren

Secret
Sex secret
Your sex secret

COOKIES CREAM

TEXT: INGA HUMPE
MUSIK: INGA HUMPE & TOMMI ECKART

Worte sind so nebensächlich

Verglichen damit was zwischen uns ist

Dieses bekannte Gefühl

Lässt uns göttlich sein

Klänge tragen uns dahin

Wo wir alle herkommen

Und wir strahlen von innen

Ineinander hinein

Aaaahhh hhhaaa ahhhhh

Hier ist der Sommer

In cookies cream

Coo-cookies cream

Coo-cookies cream

Botschaften schweben glitzernd

Durch die Luft

Sodass in jeder Entfernung

Wir verbunden sind

Gummibänder aus Gefühlen
Ziehen uns durch die Nacht
Und die Stunden brauchen nur Sekunden
Um vorüberzugehen

Aaaahhh hhhaaa ahhhhh
Hier ist der Sommer
In cookies cream
Coo-cookies cream
Coo-cookies cream

ICH DENK AN DICH

TEXT: INGA HUMPE
MUSIK: INGA HUMPE & TOMMI ECKART

Ich denk an dich
Ich kann nicht anders
An jeder Straßenecke bleibe ich stehen

Ich denk an dich
Was soll ich machen
Meine Gedanken wollen sich nur um
    dich drehen

Ich sehe dich
In jedem Bild
Alle Farben werden dein Gesicht

Ich höre dich
In jedem Ton
Es gibt kein einziges Geräusch ohne dich

Ich denk an dich
Und all die Menschen
Die vorübergehen seh ich nicht

Ich denk an dich
Wie du wohl aussiehst
Hier in dem hellen Sonnenlicht

Ich sehe dich
Wo niemand ist
Du wartest hinter jeder Tür
Ich höre dich
Wenn alles schweigt
Deine Stimme klingt für immer in mir

Ich bin bei dir
Du bist mir nah
Ich wünsch mir nur
Du wärest da

Ich denk an dich
An deine Haare
Die sind doch länger oder nicht
Ich denk an dich
Wo bist du gerade
Vielleicht lachst du oder sprichst

Ich sehe dich
In anderer Zeit
Ich weiß nicht mehr wie spät es ist

Ich höre dich

Von noch so weit

Weil du das allerschönste Läuten bist

Jetzt steh ich hier

Und sing für dich

Ein Liebeslied

Das wollte ich nicht

ES WIRD MORGEN

TEXT: HEIKE KOSPACH & PHILIPP PALM
MUSIK: INGA HUMPE, ROB SARTORIUS & TOMMI
ECKART

Es wird Morgen
Und das Licht sickert wieder durch die Jalousien
Er hat gesagt er will sie nicht
Und sie hat ihm schon verziehen

Sie hats eigentlich geahnt
Die beiden waren sich so nah wie Sterne
Sie hat die Ewigkeit verplant
Und die wartet jetzt in weiter Ferne

Seine Sachen sind schon weg
Für einen guten Zweck
Sie warten vor der Tür
Und sie ist ganz alleine hier

Oh oh oh
Und wieder geht die Sonne auf
Oh oh oh
Und woanders wird es Nacht
Oh oh oh
Und wieder steht sie am Fenster

Oh oh oh
Und fragt sich was sie mit dem Tag heut macht

Sie weiß nicht mehr
Wo er gerade ist
Heute meldet ihn ihr Herz
Noch als vermisst
Morgen gründet sie einen Verein
Der heißt nie mehr allein
Oder so ähnlich ...

Oh oh oh
Und wieder geht die Sonne auf
Oh oh oh
Und woanders wird es Nacht
Oh oh oh
Und wieder steht sie am Fenster
Oh oh oh
Und fragt sich was sie mit dem Tag heut macht

Seine Sachen sind schon weg
Für einen guten Zweck
Sie warten vor der Tür
Und sie ist ganz alleine hier

AN EINEM
SONNIGEN TAG

TEXT: INGA HUMPE
MUSIK: MORITZ VON OSWALD & TOMMI ECKART

An einem sonnigen Tag
Seh ich sie über die Straße gehen
Dunkle Brille
Sie hat mich nicht gesehen

Sie steht vorm Kino um 11
Der Film läuft schon seit halb zehn
Ein Mann kommt raus – sieht traurig aus
Sie sagt sie hat ihn schon gesehen

In einer fremden Bar
Sie trinkt zu viel und alle reden laut
Jemand sieht sie länger an
Da steht sie auf und rennt hinaus

Sie telefoniert
Und zieht sich an
Jacke Brille
Irgendetwas fängt von vorne an

An einem sonnigen Tag

ZENTRALMASSIV

TEXT: INGA HUMPE
MUSIK: INGA HUMPE & TOMMI ECKART

Ich kann nicht ertragen
Wie die Dinge sind
Fass mich nicht an
Weil ich ein lebendes Stromkabel bin

Ich bin zerschlagen
Hab mich zu sehr angestrengt
Kann nicht schlafen
Weil mein Bett jede Nacht Feuer fängt

Das ist die Reise durchs Zentralmassiv
Immer viel zu hoch
Immer viel zu tief
Auf dieser Reise durchs Zentralmassiv
Was du sehr gut kennst
Ist dir plötzlich fremd

Vor einer Stunde fiel ich ohnmächtig hin
In meinem Herzen brennt Benzin
Ich bin verlorener als irgendjemand irgendwann
Und sage Sachen die ich nie wiederholen kann

MELANCHOLISCH SCHÖN

2005

1. Melancholisch schön
2. Sexy Girl (Kommt zusammen, 2001)
3. Morgen lass ich dich frei
4. Nimm mich mit (Kommt zusammen, 2001)
5. Ich und Elaine (In Wirklich, 2002)
6. Spiel mit (Es wird morgen, 2004)
7. Verlaufen
8. Wir trafen uns in einem Garten (bossa nova) (Kommt zusammen, 2001)
9. Keiner kommt hier lebend raus
10. Liebe (In Wirklich, 2002)

MELANCHOLISCH SCHÖN

TEXT: INGA HUMPE & JENS WAGEMANN
MUSIK: TOMMI ECKART & INGA HUMPE

Melancholisch schön

Ich hab das Unmögliche gesehen

Und das passiert wenn deine Augen

Meine sanft entführen

Und hilft mir

Völlig den Verstand zu verlieren

Melancholisch schön

Heb mich hoch und lass mich untergehen

Dann schalt den Strom ein

Wir vibrieren

Wenn du dann wieder gehst

Lass mich langsam erfrieren

Nur mal raus aus meinem Leben

In deins

Ich suche mein Gewissen

Doch da ist keins

Melancholisch schön

Zeit versetzen Zeit verdrehen

Ich fürchte mich
So sehr so gern vor dir
Komm her
Und hilf mir
Dabada ...

MORGEN LASS ICH DICH FREI

TEXT: INGA HUMPE
MUSIK: INGA HUMPE & TOMMI ECKART

Immer wenn ich meine Augen schließe
Seh ich dich
Ich weiß nicht warum wieso
Ich will das nicht
Da da da da ...

Alle Ampeln sind auf Rot
Aber ich brems nicht mehr
Ich weiß nicht wohin ich fahr
Ich fahr nur dir hinterher
Da da da da ...

Alles was jetzt so schön ist
Geht ganz schnell vorbei
Heute lass ich dich nicht los
Und morgen
Lass ich dich frei

Immer wenn der Regen anfängt
Sing ich für dich

Alle Blumen tanzen und
Verlieben sich in dich
Da da da da ...

VERLAUFEN

TEXT: INGA HUMPE
MUSIK: TOMMI ECKART, INGA HUMPE &
JENS WAGEMANN

Ich hab mich verlaufen in dir

Seh keine Fenster keine Tür

Kein Licht

Ich erkenn dich nicht

Ich bin so verloren von dir

Fall aus deiner Hand wie Papier

Unter deinen Tisch

Du siehst mich nicht

Bestell mir keine Grüße

Kauf mir kein Geschenk

Lass mich überall liegen stehen hängen

Damit ich nicht mehr an dich denk

Ich bin gestorben in dir

Mehrfach getötet von dir

Bin Zombie und Gespenst

Und alles was man krank nennt

Will nichts fühlen
Will nichts von der Welt
Will nur das
Was zwischen uns nicht hält

Bestell mir keine Grüße
Kauf mir kein Geschenk
Lass mich überall liegen stehen hängen
Damit ich nicht denk

Dass du mich liebst
Hmmm hmmm ...
Will nichts fühlen
Will nichts von der Welt
Will nur das
Was zwischen uns nicht hält

KEINER KOMMT HIER LEBEND RAUS

TEXT: INGA HUMPE
MUSIK: TOMMI ECKART, INGA HUMPE &
JENS WAGEMANN

Hey

Ich muss mal kurz hier raus

Dieses Durcheinander

Das hält ja keiner aus

Wie

Und wo gehts lang

Alle Gedanken wirbeln

Was ist wichtig was ist dran

Ich frag mich

Der Zug fährt schnell aber wohin

Und nur im Traum hält er im Paradies

Und wir beide steigen aus

Ich weiß nicht warum ich hier bin

Ich weiß nur

Keiner kommt hier lebend raus

Und du weißt es auch

Und was kommt dann
Himmel oder Hölle
Oder fängt alles von vorne an
Halt mich kurz fest
Nur für immer
Vielleicht wird es ja besser
Oder schlimmer

Ich frag mich

36 GRAD
2007

1. Besser gehts nicht
2. Mir kann nichts passieren
3. 36 Grad
4. Der Sommer der jetzt nicht war
5. Ich bin der Regen
6. Nimm sie
7. Ja
8. La La La
9. Du bewegst dich richtig
10. Seid eins
11. Eins zwei drei – tschiu ...
12. Lotus
13. Bleib doch bis es schneit

BESSER GEHTS NICHT

TEXT & MUSIK: PETER PLATE, ULF LEO SOMMER,
INGA HUMPE & TOMMI ECKART

Das Leben ist nur ein Moment
Und wer den Anfang und das Ende kennt
Der weiß es geht nur darum
Sind wir glücklich

Was können wir füreinander tun
Wir lassen alle Waffen ruhen
Und wünschen uns
Wir wären alle glücklich

Der Himmel wird weit
Alle Träume sind geträumt und wahr
Das ist die Magie
Zwischen uns
Die kam und blieb

Und darum weiß ich
Besser gehts nicht – schau nur hin
Das ist Leben – wir sind drin
Besser gehts nicht – wir sind da
Auch im Dunkeln wird uns klar
Keine Angst vorm nächsten Sturm

Spring mit mir auf den höchsten Turm
Besser gehts nicht – jetzt und hier
Ich vertrau dir und du vertraust mir

Die Wege zwischen Kopf und Herz
Geht niemand ohne Schmerz
Und zwischendurch
Verliert man mal die Nerven

Wir suchen Wahrheit suchen Halt
Wir sind jung und wir sind alt
Und manche können
Durch das Weltall surfen

Der Himmel wird weit
Alle Träume sind geträumt und wahr
Das ist die Magie
Zwischen uns
Die kam und blieb

Und darum weiß ich
Besser gehts nicht – schau nur hin
Das ist Leben – wir sind drin
Besser gehts nicht – wir sind da
Auch im Dunkeln wird uns klar
Keine Angst vorm nächsten Sturm

Spring mit mir auf den höchsten Turm
Besser gehts nicht – jetzt und hier
Ich vertrau dir und du vertraust mir

MIR KANN NICHTS PASSIEREN

TEXT: INGA HUMPE
MUSIK: INGA HUMPE & TOMMI ECKART

Ganz allein zu Haus

Mir kann nichts passieren

Trinke Sake und Wein

Mir kann nichts passieren

Musik noch lauter

Das Telefon aus

Fenster offen

Fliegen fliegen rein und raus

Und ich fühl

Ich erleb die Welt so wie ich will

Mir kann nichts passieren

Und ich fühl

Hinter all dem Lärm ist es ganz still

Mir kann nichts passieren

Langsam geh ich raus

Jetzt kann was passieren

Du fällst mir ein

Das kann mir passieren

Was letztes Jahr war

War unbequem
Ich freu mich einfach
Nur mal so hier langzugehen

Und ich fühl
Ich erleb die Welt so wie ich will
Mir kann nichts passieren
Und ich fühl
Hinter all dem Lärm ist es ganz still
Mir kann nichts passieren

36 GRAD

TEXT & MUSIK: PETER PLATE, ULF LEO SOMMER,
INGA HUMPE & TOMMI ECKART

Guck mal was die Jungs da hinten tun
Und sag ihnen das will ich auch
Denn immer wieder wenn die Jungs das tun
Dann weiß ich was ich brauch

Ich geb dir ein Geschenk
Mach es bitte auf
Bestell mir ein Getränk
Ich komm mal zu euch rauf
Oder kommt ihr zu mir runter
Ich will eure Zimmer sehen
Wir liegen vor der Minibar
Komm lass uns baden gehen

36 Grad
Und es wird noch heißer
Mach den Beat nie wieder leiser
36 Grad
Kein Ventilator
Das Leben kommt mir gar nicht hart vor

36 Grad

Guck mal was die wieder da hinten tun
Ich weiß nicht was das soll aber ich finds gut
Alle Jungs singen und tanzen hier
Kommt Girls da sind wir
Schuhe aus
Bikini an
Wir gehen raus
Es fängt zu regnen an
Wir tanzen und können schon
Die Sonne wieder sehen
Und jetzt ein Regenbogen
Wow ist das schön

36 Grad
Und es wird noch heißer
Mach den Beat nie wieder leiser
36 Grad
Kein Ventilator
Das Leben kommt mir gar nicht hart vor

36 Grad

Hier Jungs da Girls
Weiter weiter weiter

Gebt alles und mehr als ihr könnt

Keiner weiß was gleich passiert

Doch jeder weiß hier

Das ist die Luft die brennt

DER SOMMER DER
JETZT NICHT WAR

TEXT & MUSIK. LIAM STERNBERG & INGA HUMPE

Der Sommer der jetzt nicht war
Kommt irgendwann hinterher
Meine Temperatur bleibt hoch
Und meine Boote auf dem Meer
Die Tage sind jahrelang hell
Wir waren noch nie so klar
Wie gut dass Blumen nicht reden
Denn was sie sagen wird wahr

Ich gehe durch die Stadt
Gefesselt in ein Gummiband
Das zieht mich in den süßesten Sumpf der Welt
Die Luft zündet meine heißen Bilder an
Ich zeige sie den Blumen denen gefällts

Alle Brücken brennen
Ich flieg stand-by
Rette den Sommer
Vor Schmetterlingen aus Blei

Der Sommer der jetzt nicht war

Kommt irgendwann hinterher

Meine Temperatur bleibt hoch

Und meine Boote auf dem Meer

Die Tage sind jahrelang hell

Wir waren noch nie so klar

Wie gut dass Blumen nicht reden

Denn was sie sagen wird wahr

Der Himmel hat heute zart die Welt geküsst

Alle Lichter gehen nacheinander an

Sanfte Schleier ziehen vorbei wie warmes Gold

Das fühlt sich wie Nachhausekommen an

Hör die Geschichte

Schmeckt sauer und süß

Ich sing in den Wind hinein

Und schieb das Hoch übers Tief

Und wenn jetzt Schnee fällt

Meine Blumen blühen

Denn ich kenn eine Sonne

In der 1.000 Julis glühen

Der Sommer der jetzt nicht war

Kommt irgendwann hinterher

Meine Temperatur bleibt hoch
Und meine Boote auf dem Meer
Die Tage sind jahrelang hell
Wir waren noch nie so klar
Wie gut dass Blumen nicht reden
Denn was sie sagen wird wahr
Alles alles wird wahr

ICH BIN DER REGEN

TEXT: INGA HUMPE
MUSIK: INGA HUMPE & TOMMI ECKART

Ich bin der Regen

Das ist gar nicht schwer

Was kann ich tun für dich

Ich regne

Ich wein dir nicht hinterher

Ich bin der Regen

Ich geb dir jedes Grün

Und wünsch mir

Dich glücklich

Durch Blumenwiesen gehen zu sehen

Ich bin der Schnee

Ich lass es auch mal frieren

Und in der Nacht

Hinter allem

Lass ich dich die Liebe spüren

Ich bin der Hagel

Donner Blitz und dann

Schau ich wie du

Den gleichen Himmel

Bei all dem Wetter an

NIMM SIE

TEXT: INGA HUMPE & DANIEL BARTH
MUSIK: INGA HUMPE & TOMMI ECKART

Du kommst rein
Und ich bin eine Andere
Hey
Mein Herz
Fängt sofort an zu wandern
Hin zu dir

Hör nicht auf mich
Hör auf deinen Bauch
Und der sagt

Nimm sie nimm sie nimm sie
Verschling sie
Nimm sie nimm sie nimm sie
Verschling sie
Nimm sie nimm sie nimm sie
Verschling sie
Und vor allen Dingen
Lass dich von ihr verschlingen

Zwischen euch beiden
Bin ich glücklich

Hey
Was schwierig ist
Ist jetzt nicht wichtig
Nie mehr

Ich hör nicht auf dich
Ich hör auf meinen Bauch
Und der sagt

Nimm sie nimm sie nimm sie
Verschling sie
Nimm sie nimm sie nimm sie
Verschling sie
Nimm sie nimm sie nimm sie
Verschling sie
Und vor allen Dingen
Lass dich von beiden verschlingen

Wir springen hoch
In Freudentänzen
Hey
Die ganze Welt
Fängt an zu glänzen
Ich hör auf mich
Und auf meinen Bauch
Und der sagt mir

Nimm sie nimm sie nimm sie
Verschling sie
Nimm sie nimm sie nimm sie
Verschling sie
Nimm sie nimm sie nimm sie
Verschling sie
Und vor allen Dingen
Lass dich verschlingen

JA

TEXT: HEIKE KOSPACH & INGA HUMPE
MUSIK: INGA HUMPE & TOMMI ECKART

Wir sind alle gut und schön
So wie wir sind
Wir sind Energie
Die keiner verliert oder gewinnt

Wir bewegen die Welt
Und dieser Weg hört niemals auf

Wie gut kann die Zeit hier auf der Welt sein
Wie gut kann die Zeit hier auf der Welt sein
Ja
Wie gut kann die Zeit hier auf der Welt sein
Ja

Never say never
Sag niemals nie
Denn es gibt Eichhörnchen
Die fahren Wasserski
Wir bewegen die Welt
Und dieser Weg hört niemals auf

Wie gut kann die Zeit hier auf der Welt sein
Wie gut kann die Zeit hier auf der Welt sein
Ja

LA LA LA

TEXT: DANIEL BARTH
MUSIK: INGA HUMPE & TOMMI ECKART

Ich sing lalala
Das Glück ist so nah
Wenn nicht sogar schon da
Ich sing lalala

Lalalala

Du sagst mein Lied hat keinen Sinn
Ich sage doch denn dass ich glücklich bin
Du fragst mich was mich glücklich macht
Ich sage ich hab an dich gedacht

Ich sing lalala
Das Glück ist so nah
Wenn nicht sogar schon da
Ich sing lalala

Lalalala

Ich sing
Je chante
I sing

Du sagst lass doch die dummen Lieder
Und ob ich deine Liebe erwider
Weißt du ja nicht also freu dich nicht zu früh
Tatütata tatütatü

Ich sing lalala
Das Glück ist so nah
Wenn nicht sogar schon da
Ich sing lalala
Ich lieb dich heißt I love you
Das vergess ich nie
Wem ich das sage weiß ich jetzt
Und ich weiß auch wie
Ich sing lalala
Das Glück ist so nah
Wenn nicht sogar schon da
Ich sing lalala

Lalalala

Ich sing
Je chante
Ich sing

Lalalala
Lalalala

DU BEWEGST DICH RICHTIG

TEXT: MIRIAM DEHNE
MUSIK: INGA HUMPE, MORITZ VON OSWALD &
TOMMI ECKART

Du bewegst dich richtig

Du bewegst dich

Ich fühl dich

Du bewegst dich richtig

Du bewegst dich

Ich fühl dich

Unter meinem Blick

Drehst du dich hin

Drehst dich weg

Und zu mir hin

Und weg und zu mir hin

Deine Silhouette

Hände in den Taschen

Deine Schultern dein Nacken dein Gesicht

Drehen sich einfach weg

Alles stimmt an dir

Du bleibst kurz stehen
Du siehst mich an
Dein Lächeln eine Frage
Alles stimmt an dir
Alles stimmt an dir

Du bewegst dich richtig
Du bewegst dich
Ich fühl dich
Du bewegst dich richtig
Du bewegst dich
Ich fühl dich
Du siehst dich kurz noch mal um
Bevor du gehst
Man hat einen besonderen Gang
Wenn man verlässt

SEID EINS

TEXT: INGA HUMPE
MUSIK: INGA HUMPE, MORITZ VON OSWALD &
TOMMI ECKART

Ich stell dir keine Fragen

Du stellst mir auch keine

Warum jetzt was sagen

Lass uns lieber weiter

Und tiefer träumen

Was sind das für Gedanken

Lass sie vorbeigehen

Hinter all dem Verspannten

Den wirklichen Augenblick sehen

Meine Wahrheit

Deine Wahrheit

Ihre eure

Was denn

In diesem Moment

Bin ich nur hier mit dir

Und wünsch uns allen

Seid eins

Mehr muss nicht sein

EINS ZWEI DREI – TSCHIU ...

TEXT: INGA HUMPE
MUSIK: INGA HUMPE & TOMMI ECKART

Ich lauf in der Stadt herum

Und denk das Gleiche wie du

Ich verschenk meine Sachen meine Kleider

Bin froh wenn ich das tu

Ich will alles ändern

Aber eigentlich nur mich

Spuck die Lügen aus

Bemitleide mich nicht

1 2 3 – tschiu

1 ist dunkel

2 ist hell

3 sieh das Bild von uns

Verändert sich so schnell

1 ist leicht

2 ist schwer

3 komm wir springen

Vom höchsten Berg ins Meer

Ich geb dir einen Nobelpreis
Dafür wie du bist
Und mir und ihr und ihm einen
Es ist ja gut so wie es jetzt ist

Ich muss nicht reden
Es ist ernst aber nicht schlimm
Dreh dich nicht weg von mir
Schau einfach nur hin

1 2 3 – tschiu
1 ist dunkel
2 ist hell
3 sieh das Bild von uns
Verändert sich so schnell

1 ist leicht
2 ist schwer
3 komm wir springen
Vom höchsten Berg ins Meer

1 ist dunkel
2 ist hell
3 da siehst du schon
Wieder eine neue Welt

1 ist leicht

2 ist schwer

3 komm wir springen

Vom höchsten Berg ins Meer

LOTUS

TEXT: INGA HUMPE & DANIEL BARTH
MUSIK: INGA HUMPE & TOMMI ECKART

Om mani pe me hung

Ich weiß wie ich ausseh

Bitte keine Fotos

Und bevor ich ausgeh

Sitz ich lieber im Lotus

Den ganzen Tag

Und verpasse

Nichts

Beobachte die minimalen

    Schwankungen des Lichts

Ich weiß was ich tu

Keine Kommentare

Ich hör dir zu

Wenn ich wirklich was erfahre

Sonst sitz ich da

Und sage

Nichts

Spür die Verlagerung

Meines Gleichgewichts

Ich weiß nicht was wird

Keine Illusionen

Unkontrolliert

Üb ich meine Nerven schonen

Ich bin nur da

Und denke

Nichts

Fühl meinen Atem

Vor dem Gesicht

BLEIB DOCH BIS ES SCHNEIT

TEXT: INGA HUMPE & MICHAEL VON DER HEIDE
MUSIK: INGA HUMPE & TOMMI ECKART

Bleib doch bis es schneit

Dann ziehen wir uns an

Wir gehen raus

Und sehen alles neu

Bleib doch bis es schneit

Das ist ja nicht mehr lang

Und es ist auch

Was worauf ich mich so freu

Dann ist es kalt

Und wir sind warm

Wir füttern Vögel und nehmen

Fremde Menschen in den Arm

Dann ist es weiß

Und wir sind rot

Wir küssen uns als wären wir

Vielleicht schon morgen tot

Bleib doch bis es schneit

Bis die Kristalle zärtlich auf dich fallen

Auf deine Augenlider
So weich

Und wenn der Schnee dann liegen bleibt
Auf dir und allem
Fühl ich mich so reich
Weil jemand bei mir bleibt

Dann ist das Eis
Fast überall
Unsere Herzen umhüllt
Aus Liebe ein Schal

Dann ist es still
Vom vielen Schnee
Und wenn wir fallen
Tun wir uns überhaupt nicht weh

Bleib doch bis es schneit
Dann ziehen wir uns an
Wir gehen raus
Und sehen alles neu
Und wenn der Schnee dann liegen bleibt
Auf dir und allem
Fühl ich mich so reich
Weil jemand bei mir bleibt

LASSO
2009

DER LETZTE ABEND AUF DER WELT

TEXT: HEIKE KOSPACH & INGA HUMPE
MUSIK: INGA HUMPE & TOMMI ECKART

Da ist die Uhr
Und hier ist alles durcheinander
Ich denk das kann der nicht
Aber das kann der

Hier ist ein Teppich
Und da ist ein Mann
Ich fass alles an
Was man anfassen kann

Der ganze Kitsch und wir sind so banal
Eigentlich braucht man nur einen einzigen Schal
Ich lass mal weg was an mir rumhängt
Ich werf mal ab was mich anstrengt

Das ist der letzte Abend auf der Welt
Komm zu mir komm rüber
Weil jeder Abend wie der letzte zählt
Komm jeden Abend wieder

Das ist kein Themenpark
Und das ist nicht der Mars
Das ist nur die Straße
Und das wars

Da ist die Vogelperspektive
Und hier ist Müll
Würdest du bitte still sein
Still
Hier ist das Meer und da ist das Meer
Ich schwimm raus und hin und her
Mal gelogen und mal ehrlich
Das Leben ist lebensgefährlich

Das ist der letzte Abend auf der Welt
Komm zu mir komm rüber
Weil jeder Abend wie der letzte zählt
Komm jeden Abend wieder

ÜBERALL REIN

TEXT: HEIKE KOSPACH
MUSIK: INGA HUMPE, TOMMI ECKART &
MALAKOFF KOWALSKI

Ich will immer
Durch alles durch
Kommt es ganz schlimm
Und kommt die Angst
Dann will ich da durch

Durch schrecklichen Hunger
Und härtesten Kummer
Ich will immer da durch

Keine Grenzen kenn kein Halten
Will keine Bremsen will nicht schalten
Will keine Spiele will in dein Herz sehn
Durch alle Länder und jeden Schmerz gehen

Ich will überall rein
Ich will tanzen und stolpern
Ich will stottern und schreien
Ich will überall rein

Ich will Ruhe
Und Stille und Stein
Will Wüste und da sein
Und wenns Kälte sein muss
Dann will ich da durch

Wie Wasser durch Felsen dringt
Der Ton durch den Glas zerspringt
Ich will immer da durch

In jeder Geisterbahn frei fahren
Mal Hysterie mal Liebeskoma
In weißen Nächten ohnmächtig durchdrehen
Will mit dem Ticket ins Licht ins Licht sehen

Ich will überall rein
Ich will tanzen und stolpern
Ich will stottern und schreien
Ich will überall rein

UND ICH DREH

TEXT: INGA HUMPE
MUSIK: INGA HUMPE, ANNETTE HUMPE & TOMMI ECKART

Ich leb auf einer Treppe rauf runter runter rauf

Von meinem Dach gehts direkt in den Keller

Ich schlaf nachts eine Stunde dann wach ich wieder auf

Ich spreche langsam aber ich denk schneller

Lass dich von mir nicht stören wenn ich immer wieder Licht mach

Und nie weiß wie spät es ist

Ich will auch gar nicht hören was man über mich sagt

Ganz egal ob es gut oder schlecht ist

Sag jetzt nichts

Falsch oder richtig ist nicht wichtig

Sag jetzt nichts

An meinem Rad dreh ich

Und ich dreh

Und ich dreh

Ich kann umdrehen

Oder links gehen

Aufm Kopf stehen

N bisschen hellsehen

Und ich dreh

Und ich dreh
Ich könnte abdrehen
Oder durchdrehen
Find ich beides schön
Musst du nicht verstehen

Meine Gefühle haben Farben und manchmal passen die
Überhaupt nicht zu meinen Kleidern
Dann bleib ich nicht zu Hause ich renn so komisch rum
Und übe mal ne extra Runde Scheitern
Doch ich schau nicht stundenlang nach Westen und warte
Bis da irgendwann mal ne Sonne aufgeht
Ich spalte gern ein Härchen wenn ich weiß
Das ist ne Sache bei der es um Haaresbreite geht

Sag jetzt nichts
Falsch oder richtig ist nicht wichtig
Sag jetzt nichts
An meinem Rad dreh ich

Und ich dreh
Und ich dreh
Ich kann umdrehen
Oder links gehen
Aufm Kopf stehen
N bisschen hellsehen

Und ich dreh
Und ich dreh
Ich könnte abdrehen
Oder durchdrehen
Find ich beides schön
Musst du nicht verstehen
Und ich dreh

WIR WERDEN SEHEN

TEXT: INGA HUMPE & CHRISTIAN HARTMANN
MUSIK: CHRISTIAN HARTMANN

Feuer ist mein Haar

Und deine Hand ist Kerosin

Die Atmosphäre glüht

Hey man lass uns gehen

Ich zeig dir wie ich tanz

Und deine Augen spielen Musik

Guck mich nicht so an Mann

Komm lass uns gehen

Wir werden sehen wir werden sehen

Wo wir heut landen

Die Nacht ist noch lange nicht um

Wir werden sehen wir werden sehen

Wie der Boden bebt

Dort wo wir runterkommen

Wir werden sehen wir werden sehen

Wo wir heut landen

Wie Welt hält bestimmt für uns an

Wir werden sehen wir werden sehen

Nach der nächsten Kurve

Junge was kommt dann

Feuer das bin ich
Und du bist Super und Benzin
Wenn wir zusammen brennen
Wird der Ofen nie mehr ausgehen
Tank mal voll
Die Karre will jetzt endlich los
Wir steigen ein und heben ab
Junge jetzt gehts los

Wir werden sehen wir werden sehen
Wo wir heut landen
Die Nacht ist noch lange nicht um
Wir werden sehen wir werden sehen
Wie der Boden bebt
Dort wo wir runterkommen
Wir werden sehen wir werden sehen
Wo wir heut landen
Die Welt hält bestimmt für uns an
Wir werden sehen wir werden sehen
Wie die Wellen kommen
Unterm Ozean

Flammen werfen wir
Bis zum Meer
Dieses Feuerwerk
Will keine Feuerwehr

Wir werden sehen wir werden sehen

Wo wir heut landen

Die Nacht ist noch lange nicht um

Wir werden sehen

Wie der Boden bebt

Dort wo wir runterkommen

Wir werden sehen wir werden sehen

Wo wir heut landen

Die Welt hält bestimmt für uns an

Wir werden sehen wir werden sehen

Nach der nächsten Kurve

Junge was kommt dann

BODY IS BOSS

TEXT: INGA HUMPE
MUSIK: INGA HUMPE & TOMMI ECKART

Body is Boss
Body is Boss
Body is Boss
Body is Boss Boss Boss

Du siehst gut aus du siehst wie du aus
Du trägst deinen Körper der is Boss
Keiner sagt dir was du tun sollst
Nur dein Body is Boss

Er sagt zu mir hör mal her
Leg dich hin beim Sprechen
Und du ritzt dich bei mir ein
Mit einem Lächeln

Body is Boss wenn du kommst
Body is Boss wenn du gehst
Body is Boss wenn du liegst
Body is Boss wenn du stehst
Body is Boss wenn du kämpfst
Body is Boss wenn du liebst
Body is Boss wenn du lebst
Body is Boss wenn du stirbst

Meine Hände deine Hände mach doch

Mein Panzer hat schon einen Riss

Du bist kein Tier was jagen muss

Ich hab auch in der Hängematte Biss

Wenn mein Herz jetzt denken könnte

Würde es sofort stillstehen

Super checker bunny baby

Ich will dich von oben sehen

Body is Boss wenn du kommst

Body is Boss wenn du gehst

Body is Boss wenn du liegst

Body is Boss wenn du stehst

Body is Boss wenn du kämpfst

Body is Boss wenn du liebst

Body is Boss wenn du lebst

Body is Boss wenn du stirbst

Relax like a baby

Relax

WAS IST DAS

TEXT: INGA HUMPE
MUSIK: INGA HUMPE & TOMMI ECKART

Du bist der Ball und alle Spieler
Dein Feld ist groß und du stehst mitten drauf
Ich bin dein 70-Tausend-Leute-Stadion
Und wenn du spielst spring ich 70 tausendmal
 gleichzeitig für dich auf

Du bist dein Gegner und dein Schiedsrichter
Dein Hin und Her hält mich tagelang wach
Ich seh dir zu und halt den Atem an
Wenn du gewinnst oder mit Vollgas gegen
 den Pfosten krachst

Was ist das
Was ist das
Das war ein Liebespaar
Was ist das
Was ist das
Das war ein Liebespaar
Das war ein Liebespaar

Die Spielzeit geht irgendwann zu Ende
Und dann fängt sie wieder an
Ich – das Stadion – heb für die Welle meine Hände
Und du – die Spieler – schießen rennen treten an

Nach dem Spiel ist vor dem nächsten
Bis einer von uns nicht mehr kann
Verletzungsstand ist jetzt am höchsten
Ich schau mir kein Spiel mehr an

Was ist das
Was ist das
Das war ein Liebespaar
Was ist das
Was ist das
Was war ein Liebespaar
Das war ein Liebespaar

Komm lass uns gehen
Das Stadion reiß ich eigenhändig ein
Wir treffen uns ganz einfach auf der Kreuzung
Und biegen egal in welche Straße ein

Was ist das
Ein Liebespaar

RETTE MICH SPÄTER

TEXT & MUSIK: INGA HUMPE, ULF LEO SOMMER,
PETER PLATE & TOMMI ECKART

Da vorne kommt ein Sturm

Und ich renn raus

Durch all die dicken Wolken

Ich räum auf

Du und ich

Das macht jedes Wort elektrisch

Und Regeln funktionieren nicht mehr

Das versprech ich

Rette mich nicht jetzt

Ich will noch bleiben

Hier auf diesem Teppich

Denn der fliegt

Wenn einer sagt

Man kann sein Chaos hier vermeiden

Na ja der lügt

Rette mich nicht jetzt

Beim Übertreiben

Ich will heute keine roten Ampeln sehen

Und ich brauch auch keinen roten Faden

Nur dich und mich

Rette mich später
Rette mich später
Rette mich später
Heute jedenfalls nicht

Die ganzen Sachen die man so bereut
Bereu ich nicht
Und jeder Umweg jeder doofe Fehler
Alles ich

Beim nächsten Blitz
Schau ich auf meinen Schrottplatz
Und frage mich
Ob darauf noch was Platz hat

Rette mich nicht jetzt
Ich will noch bleiben
Hier auf diesem Teppich
Denn der fliegt
Wenn einer sagt
Man kann sein Chaos hier vermeiden
Na ja der lügt

Rette mich nicht jetzt
Beim Übertreiben
Ich will heute keine roten Ampeln sehen
Und ich brauch auch keinen roten Faden
Nur dich und mich

Rette mich später
Rette mich später
Rette mich später
Jetzt noch nicht
Rette mich später
Rette mich später
Rette mich später
Heute jedenfalls nicht
Dadada da dadada
Dadada da dadada

LASSO

TEXT: INGA HUMPE, HEIKE KOSPACH,
PETER PLATE & ULF LEO SOMMER
MUSIK: INGA HUMPE, ULF LEO SOMMER,
PETER PLATE & TOMMI ECKART

Ich fühl ein Lasso über mir

Und dieses Lasso führt zu dir

Cowboy Cowboy halt dich fest

Weil sich nicht jedes Pony fangen lässt

Und auch am Abend ist nicht Schluss

Du weißt wie weit man reiten muss

Ich sag dir Lasso Lasso wie es ist

Damit du morgen nicht traurig bist

Dreh mich um

Locker deine Leine

Lass mich laufen

Vielleicht komm ich zu dir zurück

Hmhmhm

Du weißt doch was ich meine

Du kriegst nur das Allerallerbeste

Udaidaidai

Udaidaidai

Ich fühl ein Lasso über mir
Und dieses Lasso führt zu dir
Cowboy Cowboy halt dich fest
Weil sich nicht jedes Pony fangen lässt
Und auch am Abend ist nicht Schluss
Du weißt wie weit man reiten muss
Ich sag dir Lasso Lasso wie es ist
Damit du morgen nicht traurig bist

Quäl mich nicht
Mit Nebensächlichkeiten
Du schaust mich an
Wie Erdbeeren mit Sahne
Aber Cowboy
Du musst weit reiten
Alles was du willst
Kannst du nicht haben
Udaidaidai
Udaidaidai

Ich fühl ein Lasso über mir
Und dieses Lasso führt zu dir
Cowboy Cowboy halt dich fest
Weil sich nicht jedes Pony fangen lässt
Und auch am Abend ist nicht Schluss
Du weißt wie weit man reiten muss

Ich sag dir Lasso Lasso wie es ist
Damit du morgen nicht traurig bist

ALLES AUS

TEXT: INGA HUMPE, DANIEL BARTH &
JENS WAGEMANN
MUSIK: INGA HUMPE & TOMMI ECKART

Am Morgen geht die Sonne unter
Der Tag ist schwarz grau weiß
Alle Wolken kommen runter
Ich geh durch Sumpf direkt aufs Eis

Mit ein paar Grüßen aus der Hölle
Mit Nebel aus der dunklen Welt
In einer großen kalten Welle
Hab ich mein schönstes Ziel verfehlt

Der Fluss hört kurz auf zu fließen
Soldaten hören kurz auf zu schießen
Eltern hören kurz auf zu schlagen
Der Nachrichtensprecher hat kurz
   nichts zu sagen
Alles aus
Schmetterlinge liegen am Boden
Und ich tret drauf
Alles aus

Die Wahrheit tut manchmal weh
Das heißt nicht dass ich auf Lügen steh
Doch wenn's sich irgendwie vermeiden lässt
Mach ich keinen Härtetest
Mit dir

Denn du wirst ihn nicht bestehen
Du bist so weit draußen im Wasser
Und ich weiß du willst Land sehen

Der Fluss hört kurz auf zu fließen
Soldaten hören kurz auf zu schießen
Eltern hören kurz auf zu schlagen
Der Nachrichtensprecher hat kurz
    nichts zu sagen
Alles aus
Schmetterlinge liegen am Boden
Wir treten drauf
Alles aus

Gut gemästet nachdem fast gestorben
am Arm meiner Mutter Leni

Neonbabies in ihrer Besetzung kurz vor
der Auflösung Anfang der 80er Jahre

Das Hirschfoto – auf dem Bet
des Fotografen Martin Schach
in seiner Wohnung über den
Pour Elle in West-Berlin

Erstes Pressefoto 1979

Wir waren gleich groß

1995 – Meine Idee von Pop: Bamby mit Perücke *(links oben)*

Mit Akihiko und Domenico *(links unten)*

Die Schlimms im E-Werk 1994

Die Hasen (zu Hause)

Köln am Tag der Veröffentlichung des Bamby-Albums
»Wall Of Sugar«, bei der Ausstellung von Wolfgang Tillmanns
1995, der das Cover-Foto gemacht hatte. Leider war mein
Album nicht lieferbar am Release-Tag. Ich blieb cool.

Ca. 2003 – Mark Borthwick fotografierte
in unserer Wohnung Motive für die
Design-Frauen von »Bless«.
Das war ich.

VIELLEICHT IM NÄCHSTEN LEBEN

TEXT: INGA HUMPE
MUSIK: INGA HUMPE & TOMMI ECKART

Vielleicht
Vielleicht im nächsten Leben
Jetzt ruhen wir uns erst mal aus
Und dann vielleicht im nächsten Leben
Lassen wir keinen Tag ohneeinander aus

Wir kennen uns
Aus jedem kalten Winter
Seit einer Ewigkeit
Oder seit zweien
Seit allen Lichtjahren dahinter
Seit dem Anfang der Zeit

Durch viele Höllen und viele Kriege
Wir sahen einander tot und leben
Ich hab dich zwar gerade wieder verloren
Doch ich weiß es wird uns beide immer wieder geben

Vielleicht
Vielleicht im nächsten Leben
Jetzt ruhen wir uns erst mal aus

Und dann vielleicht im nächsten Leben
Lassen wir keinen Tag ohneeinander aus

Du zeigtest mir
Den Himmel
In jedem Wasser
Und ich
Zeigte dir dann
Wie die Fische
Auf den Bäumen tanzen

Die Uhren ticken mit spitzen Krallen
Ich seh uns stehen und seh uns fallen
Meine Schale ist schon längst gebrochen
Doch mit dir werd ich es immer wieder versuchen

Vielleicht
Vielleicht im nächsten Leben
Jetzt ruhen wir uns erst mal aus
Und dann vielleicht im nächsten Leben
Lassen wir keinen Tag ohneeinander aus

MOSAIK

TEXT: INGA HUMPE & ROBINSON SARTORIUS
MUSIK: ROBINSON SARTORIUS & ULF LEO SOMMER

Ich hab dich so lang angeschaut

Bis du verschwunden bist

Zuerst wars nur dein Gesicht

Dann der Rest und jetzt auch ich

In einem riesigen Mosaik

Fliegen all die alten Zeilen

Und dann sing ich dieses Lied

Es singt sich ganz wie von allein

Hier in unserem Mosaik

Fehlt immer noch ein Stück

Das muss bei dir sein

Ich geh durch das Mosaik

Die leere Stelle bleibt zurück

Da setz ich meine Scherben ein

Ich hab das Wort so oft gesagt

Auf einmal macht es keinen Sinn mehr

Sags noch mal fass mich an den Kopf

Und dann lass ich einfach los

Jungs und Mädels spielen Tetris
Es rutscht und dann vergeht es
Einer sagt dass er versteht
Ich sag Hauptsache du lebst es

Hier in unserem Mosaik
Fehlt immer noch ein Stück
Das muss bei dir sein
Ich geh durch das Mosaik
Die leere Stelle bleibt zurück
Da setz ich meine Scherben ein

Ich hab dich so lang angeschaut
Und dann lass ich einfach los
Hier in unserem Mosaik
Fehlt immer noch ein Stück
Das muss bei dir sein

Ich geh durch das Mosaik
Die leere Stelle bleibt zurück

WENN DU BEI MIR LIEGST

TEXT: HEIDI BENNENT
MUSIK: INGA HUMPE & TOMMI ECKART

Wenn du bei mir liegst hat mein Haus
    keine Wände mehr
Alle Mauern beugen sich
Bist du mir nah
Wenn du bei mir liegst stellt mein Dach
    sich taumelnd quer
Alle Balken heben sich
Denn du bist da

Der Himmel rieselt her zu uns
Hüllt ins helle Blau uns ein
Und die Bäume rauschen nur für uns
Ast und Blatt sind Mein und Dein

Wenn du bei mir liegst
Wenn du bei mir liegst
Wenn du bei mir liegst
Wenn du bei mir liegst

Wenn du hier nun schläfst kommen
    Sterne glühend her
Betten sich hinein zu uns
Bleibst du mir nah
Ach du schläfst so nah und ich frage
Wer ist wer
Bist du mir nah

Rinnt die leise Luft der Nacht herab
Hüllt in schwarzen Samt uns ein
Und die Farben schweben matt umher
Sinken sanft in uns hinein

Wenn du bei mir liegst
Wenn du bei mir liegst
Wenn du bei mir liegst
Wenn du bei mir liegst

Liegst du morgens hier hab ich
    keine Fragen mehr
Zwitscher mit den Vögeln
Wir sind ein Paar

ANGEL OF GERMANY

TEXT: INGA HUMPE & MIRIAM DEHNE
MUSIK: INGA HUMPE & TOMMI ECKART

Den Himmel kennt sie schon

Denn daher kommt sie

Die Sterne hier in ihrer Hand

Sollen für euch sein

Sie singt und tanzt heut Nacht

Für dich und jeden

Fern von zu Haus ein bisschen

Traurig und allein

Und alle Götter setzen sich

Und schauen sie nackt an

Das ist keine Show

Weil sie nicht lügen kann

Schaut sie an

Alles für euch

Das ist sie

Angel of Germany

Look at her
All for you
Das ist sie
Angel of Germany

Und alle Götter setzen sich
Und schauen sie nackt an
Das ist keine Show
Weil sie nicht lügen kann

Schaut sie an
Alles für euch
Das ist sie
Angel of Germany

Look at her
All for you
Das ist sie
Angel of Germany

Dadada dadada

ACHTUNG FERTIG
2013/2016

ICH MAGS
GENAU SO

TEXT & MUSIK: INGA HUMPE & TOMMI ECKART

Ich mag Hände
Und wenn ich mit dir Zeit verschwende
Mein Leben scheint auf einmal leicht
Ich mags genauso wies gerade läuft

Warum

Ich mag Feuer
Und runterfallende Schleier
Und wenn dein Blick mich streift
Ich mags genauso wies gerade läuft

Warum

Darum macht mir alles Spaß
Selten stört mich irgendwas
Ich sag es ja nur zu dir
Bleib doch noch ein bisschen hier

Weil mein Leben sonst schwer wär
Ohne dich mein Herz so leer wär

Weil mein Herz sonst so schwer wär

Ohne dich mein Leben leer wär

Auch wenn ich weiß dass du es schon weißt

Ich mags genauso wies gerade läuft

Genauso

Ich mag Wellen

Und wenn sich Leute nicht verstellen

Wenn kein Moment dem anderen gleicht

Ich mags genauso wies gerade läuft

Ich mag wie deine Hose sitzt

Wenn deine Oberlippe schwitzt

Auch wenn ich weiß

dass du es schon weißt

Ich mags genauso wies gerade läuft

Warum

Darum macht mir alles Spaß

Selten stört mich irgendwas

Ich sag es ja nur zu dir

Bleib doch noch ein bisschen hier

EIN NEUES GEFÜHL

TEXT & MUSIK: INGA HUMPE, TOMMI ECKART,
DAVID JOST & ROBIN GRUBERT

Am Himmel waren keine Sterne
Ich wollte gerade gehen
Auf einmal trifft es mich wie ein Urknall
Ich denk hey bleib mal stehen

Du bringst hier alles durcheinander
Auf jeden Fall mich
Ich seh dich jetzt als Wellenform
Und nur noch dich

Die ganze Nacht lang Sonne
Und ich spür keine Zeit
Alles dreht sich um uns rum
Und zwei sind eins
Zwei sind eins

Ein neues Gefühl
Du und ich und jetzt und hier
Ein neues Gefühl
Du und ich
Und irgendwas mit Liebe

Was ist das für ein Zauber
Ich kenn doch sonst jeden Trick
Überall schöne Mädchen
Und schöne Mädchen bringen Glück

Die ganze Nacht lang Sonne
Ich spür keine Zeit
Alles dreht sich um uns rum
Und zwei sind eins
Zwei sind eins

Ein neues Gefühl
Du und ich und jetzt und hier
Ein neues Gefühl
Du und ich
Du bringst hier alles durcheinander

Dreh mich um dich dich dich
Dreh dich um mich
Dreh mich um dich dich dich
Dreh dich um mich

Du und ich und jetzt und hier
Irgendwas mit Liebe
Energieform jetzt und wir
Das gefällt mir

Ein neues Gefühl
Du und ich und jetzt und hier
Ein neues Gefühl
Du und ich
Du bringst ja alles durcheinander

BEI DIR BIN ICH SCHÖN

TEXT: INGA HUMPE, TOMMI ECKART, ROBIN
GRUBERT, DAVID JOST & AREZU WEITHOLZ
MUSIK: INGA HUMPE, TOMMI ECKART,
DAVID JOST & ROBIN GRUBERT

Bei dir bin ich schön

Das ist ein Phänomen

Auf der Skala 1 – 10

Bei dir bin ich 10

Ich kann mich selbst nicht so sehen

Vielleicht klingt das schizophren

Ist aber angenehm

Bei dir bin ich schön

Will gar nicht mehr landen

Bin so leicht

Warum wieder landen

Bin so leicht wie nie

Das ist wie auf Blumen gehen

Bei dir bin ich schön

Auf der Skala 1 – 10

Bei dir bin ich 10

Wie aufm Himalaya stehen

Bei dir

Bei dir bin ich schön
Sogar foto-tele-gen
Aber frag ich irgendwen
Bin ich nicht unbedingt schön
Das ist wie im Dunkeln sehen
Wie die einzige Eule in Athen
Ziemlich angenehm
Bei dir bin ich schön

Als wenn immer Sommer wär
Für immer Sommer wär
Und die Wellen flüstern Yeah

BYE BYE BYE

TEXT & MUSIK: INGA HUMPE, TOMMI ECKART,
MALAKOFF KOWALSKI & DAVID JOST

Bye Bye Bye
Ich werd dich vermissen
Bye Bye Bye
Du wirst andere küssen
Bye Bye Bye
Ganz schön radikal
Bis zum nächsten Mal

So viel unterwegs
Einfach nicht die Zeit
Immer heiß und schön
Du und ich zu zweit

Ich will das kurz und ohne Schmerz
Einer muss immer wieder gehen
Heimlich ruft das Herz
Wiedersehen

Bye Bye Bye
Ich werd dich vermissen
Bye Bye Bye
Du wirst andere küssen

Bye Bye Bye
Ganz schön radikal
Bis zum nächsten Mal
Bye Bye Bye
Du wirst mich vermissen
Bye Bye Bye
Ich werd andere küssen
Bye Bye Bye
N bisschen radikal
Bis zum nächsten Mal

Einfach kompliziert
Rein und wieder raus
Liebe ist im Spiel
Das hält keiner aus

Und dann kommt doch n bisschen Schmerz
Einer muss immer wieder gehen
Lauter ruft das Herz
Wiedersehen

Bye Bye Bye
Ich werd dich vermissen
Bye Bye Bye
Du wirst andere küssen
Bye Bye Bye

Ganz schön radikal
Bis zum nächsten Mal
Bye Bye Bye
Du wirst mich vermissen
Bye Bye Bye
Ich werd andere küssen
Bye Bye Bye
N bisschen radikal
Bis zum nächsten Mal

Bye Bye Bye
Ich ohne dich ohne dich
Ich ohne dich ohne dich
Du ohne mich ohne mich
Ich ohne dich ich ohne dich
Du wirst andere ich werd andere
Du wirst andere ich werd andere
Ich werd andere ich werd andere
Ich werd andere

Bye Bye Bye
Du wirst mich vermissen
Bye Bye Bye
Abschied ist beschissen
Bye Bye Bye
Ganz schön radikal

Bis zum nächsten Mal

Du wirst mich vermissen
Lass uns noch mal küssen
Du wirst mich vermissen
Lass uns noch mal küssen

ICH DICH AUCH

TEXT & MUSIK: INGA HUMPE, TOMMI ECKART &
MALAKOFF KOWALSKI

Wer singt hier hoch und wer ist hier der Mann
Wir tauschen was man hören und sehen kann
So kommt man auch mal aus der Rolle raus
Und dann hören bestimmte Probleme auf

Komm fass mich an wir gehen Hand in Hand
Wir gehen rauf auf diese Wand
Dann ziehen wir unsere Zwangsjacken aus
Schmeißen das falsche Lachen raus

Unser Himmel ist hoch
Und unsere Straße heißt raus
Heb mich doch mal hoch
Das sieht schon ganz anders aus

Bis jetzt haben wir ja auch noch nichts getan
Was man nicht gleich wieder ändern kann
Morgen sehen wir ganz sicher anders aus
Dadadadada ich dich auch

Unser Himmel ist hoch
Und unsere Straße heißt raus

Heb mich doch mal hoch
Das sieht schon ganz anders aus

Du findest mich groß
Ich dich auch
Ach so das weißt du schon
Du mich auch

Maskulin und feminin
Moskau Rom Paris Berlin

Morgen sehen wir ganz sicher anders aus
So kommt man auch mal aus der Rolle raus
Dann ziehen wir unsere Zwangsjacken aus
Dadadadada ich dich auch

SIE GEHT LOS

TEXT: INGA HUMPE
MUSIK: INGA HUMPE, TOMMI ECKART &
HEINRICH SCHIFFERS

Ab heute ist sie anders

Sie hat keine Zeit zum Heulen

Sie lässt es lieber wummern

Sie geht los

Sie sagt Hallo Streichholz

Er sagt Hallo Feuer

Ab jetzt lässt sie es wummern

Sie geht los

Gegen

Das Spalten von Atomen

Gegen

Grüne Genmanipulationen

Für

Ein langes freies Leben

Hi

Greenpeace und Kollegen

Langsam wieder aufstehen

Noch ein bisschen wummern

Was ist passiert
Wieder los

Mädchen im Dunkeln
Mit hellen Ideen
Sie gehen von A nach C
Sie gehen los

GUT

TEXT & MUSIK: INGA HUMPE, TOMMI ECKART, PETER
PLATE & ULF LEO SOMMER

Gestern hatte ich Geburtstag

Wieder ein Jahr vorbei

Wieder ein Jahr vorbei

Eigentlich zum Heulen oder Deprimiertsein

Oder was man sonst so tut

Was man sonst so tut

Ich hab gefeiert und getrunken

Und geknutscht und weiß nicht mehr

Ich war fertig ziemlich unten

Dachte kurz ich kann nicht mehr

Aber rosa Kakerlaken

Gehen nicht so schnell kaputt

Rosa Kakerlaken

Gehen nicht so schnell kaputt

Vielleicht bin ich schon am Ende

Mein Abstieg ist vorprogrammiert

Und ich bin blind für das Schicksal der Menschheit

Und alle Lieder sind schon komponiert

Mir gehts gut

Keinen Schimmer warum

Mir gehts gut

Keine Ahnung wieso

Mir gehts gut

Keinen Schimmer warum

Mir gehts gut

Keine Ahnung wieso

Ich renn den Berg hinauf

Da hört die Straße auf

Die Häuser sehen

Nicht mehr gerade aus

Zeitungen und Fernsehen

Meistens ärgerlich

Schlechte News alles traurig

Das was du da so hörst und siehst

Macht nicht gerade Mut

Aber im Verhältnis dazu

Gehts dir gut

Vielleicht bist du schon am Ende

Dein Abstieg ist vorprogrammiert

Und du bist blind für das Schicksal der Menschheit

Und alle Lieder sind schon komponiert

Dir gehts gut

Keinen Schimmer warum

Dir gehts gut

Keine Ahnung wieso

Dir gehts gut

Keinen Schimmer warum

Dir gehts gut

Keine Ahnung wieso

Du rennst den Berg hinauf

Da hört die Straße auf

Die Häuser sehen

Nicht mehr gerade aus

Wir können hier weiterblühen

Auf Asche und Schutt

Auf Asche und Schutt

Uns gehts gut

Keinen Schimmer warum

Uns gehts gut

Keine Ahnung wieso

Du rennst den Berg hinauf

Keine Ahnung wieso

Da hört die Straße auf

Keinen Schimmer warum

WIR WAREN FÜRCHTERLICH

TEXT: INGA HUMPE
MUSIK: TOMMI ECKART

Ein leichter Wind

Schiebt die Wellen raus aufs Meer

Das Leben lächelt

Ich bin dein Chauffeur

Du lehnst dich

In den Kurven nah an mich

Wir beide wissen

Wir waren fürchterlich

Fahren fahren

Fahren fahren

Die Sonne geht auf

Wie ein Engel hebt sie den Kopf

Aus den dunklen Wolken heraus

Die Sonne geht auf

Silber fließt über das Meer

Spektakulär

Blau Weiß Rot
Rein ins nächste Land
Wilde Blumen
Ziel unbekannt

Tour Royal
Weiter weiter Blick
Du siehst entspannt aus
Ich fahr auf keinen Fall zurück

WAS SAGT DAS UNIVERSUM

TEXT & MUSIK: INGA HUMPE, TOMMI ECKART,
PETER ATASANOFF & GREG ELLIS

Be be bewusstseinserweiternde Gedanken

Lassen mich und meinen Körper tanzen

Diese Mo Mo Momente

Sind nachhaltige Ge Geschenke

Bewusstseinserweiternde Methothothothothoden

So verlassen wir den Boden

Alles alles geht dahin

Macht Geld Sinn

Was sagt das Universum

Komm mit mir aufs Dach

Ich such schon lange so jemanden wie dich

Der sich mit mir Gedanken macht

Hallo Universum

Wir sind bereit

Erweitern das Bewusstsein

Das ist die größte Kleinigkeit

Es geht noch viel viel viel weiter
Wir sind hier erst im Wawawarm-up
Immer rauf auf die Leiter
Hallo wir kommen
Wir heben ab

Bewusstseinserweiterndes Trainieren
Lässt uns Angst verlieren
Alles alles geht dahin
Macht Geld Sinn

FREQUENZEN

TEXT & MUSIK: INGA HUMPE, TOMMI ECKART,
PETER ATASANOFF & GREG ELLIS

Lass uns verlieben und unsere Leben zusammentun
Sagte ich zu dir
Ich hab ein Land voller Möglichkeiten in mir und
    um mich herum

Wir lasen Taschenbücher und fuhren mit dem Zug
Bis zur Grenze nach Belgien
Lachen und Bier trinken
Die Straßenlampen tauchten alles in gelbes Licht

Einfach war das nicht
Den Sinn des Lebens finden

Stell deine Frequenzen auf mich ein
Willst du auf meiner Wellenlänge sein
Wir senden
Stell deine Frequenzen auf Empfang
Wir schalten nicht mehr aus wir bleiben an
Und denk daran
Wir dürfen alles

Die französischen Philosophen sind doch alle Machos
Deswegen brauchen wir jetzt länger hier
Beim Sinn des Lebens finden
Hab ich zu dir gesagt

Du könntest Arzt werden
Aber was mach ich
Komm wir bleiben dran
Vielleicht ein Leben lang

Du ich hab Angst hab ich gesagt
Obwohl ich wusste dass du schläfst

Ich hab Angst dass die Träume verschwimmen
Und ich nicht so werde wie ich will
Und dass ich ihn nicht finde
Den Sinn des Lebens

WUNDERBARE TAGE

TEXT: INGA HUMPE & AREZU WEITHOLZ
MUSIK: TOMMI ECKART & HEINRICH SCHIFFERS

Ich kauf mir ein Kleid

Streune stundenlang durch die Glitzerwelt

Hab jede Menge Zeit

Wenn der Himmel jetzt nicht auf mich fällt

Ende und Anfang

Ende tut weh

Vor mir liegen wunderbare Tage

Die Zukunft kommt immer

Auch wenn ich sie nicht seh

Vor mir liegen wunderbare Tage

Alles wird gut

Bye bye und ade

Ein neues Gefühl

Das alte stell ich ins Museum

Nicht hoffen nicht fürchten

Nicht hoffen nicht fürchten

Ich lächle jeden an

Seh die Welt durch einen Riss

Wünsche haben freie Bahn
Und ins Innere fällt Licht

WORTE

TEXT: INGA HUMPE
MUSIK: INGA HUMPE, TOMMI ECKART &
MORITZ VON OSWALD

Sag mir Worte die ich hören kann

Wenn du nicht bei mir bist

Schick mir Blicke die ich halten kann

Falls du mich verlässt

Lass deine Wünsche blühen

Ich mach mir daraus ein Parfüm

Ich halte dich nicht fest

Obwohl ich nur das will

Meine Gedanken sind laut

Mein Herz ist still

Mach ein Feuer hier in unserem Labyrinth

Und lass uns brennen

Bis wir neu geboren sind

Worte Worte Worte Worte Worte

NACHT & TAG
2017

1. 1993
2. Lucky Lobster
3. Somebody lonely and me
4. Energie Multimillionär
5. Ich bin die Bass Drum
6. Hey Schmetterling
7. Das Herz irrt nie
8. Hotel Sunshine
9. Bonjour Chérie
10. Ich hör Musik wenn ich dich seh

1993

TEXT: INGA HUMPE
MUSIK: INGA HUMPE & TOMMI ECKART

Es war Sommer auch im Winter
Gar nichts lief nach Plan
Dann war es auch noch Frühling
Es kam auf alles an

Zum ersten Mal sah ich dich um drei
Alle Sonnen gingen an
Mein altes Leben war sofort vorbei
bam-bada-dam

1993
Meine Zellen teilen sich
Teilen sich in unity
Alle Zellen vereinen sich
1993

Wir leuchteten in den Ruinen
Die ganze Welt kam angerannt
Everybody was in love
Wir dachten Weltfrieden bahnt sich an

Now Weltfrieden is on the run
Wir rennen hinterher
Moments of love and fun
Bleiben als wenns für immer wär

1993
Meine Zellen teilen sich
Teilen sich in unity
Alle Zellen vereinen sich
1993

LUCKY LOBSTER

TEXT: INGA HUMPE
MUSIK: INGA HUMPE, TOMMI ECKART, SAM
LIDMAN, ROBERT HELMS & DAN CASTER

Wir fahren in ein seafood restaurant

Irgendwo am Meer

Da schauen wir uns die Hummer an

Und kaufen das Aquarium leer

Die Welt nein nein

Can't save the world

We do a little little thing

Wir essen Brot und trinken Wein

Und lassen alle lobster frei

Lucky lobsters

Swimming in the sea

Alive and free

Lucky lobsters

Swimming in the sea

Alive and free

Ein lobster ist so alt wie ich

We call him sixty sweet

Er und ich

We make a wish
We stay in touch was auch immer geschieht

Can't save the world das kann ich nicht
We do a little little thing
Wir essen Brot und trinken Wein
Und lassen alle lobster frei

Lucky lobsters
Swimming in the sea
Alive and free
Lucky lobsters
Swimming in the sea
Alive and free

SOMEBODY LONELY AND ME

TEXT: INGA HUMPE
MUSIK: INGA HUMPE & TOMMI ECKART

Im Raum hier zwischen Welt und All

Hör ich Klagen von Sehnsucht

Es rufen die die was verloren haben

Komm gib mir zum Atmen was von deiner Luft

Wo sind die Augen in die ich sehn will

    bevor alles schwarz wird

Wo ist der Flügel der zu mir gehört

But all I can see

I see somebody lonely

And me

All I can see

I see somebody lonely

And me

Die Brücke brannte ziemlich lang

Mehr als einmal

Jetzt kommt keiner mehr nah ran

Falsch am Berg und endlos

Dunkel das Tal

Where is the face I want to see forever
Where is the wing without my feathers

But all I can see
I see somebody lonely
And me
All I can see
I see somebody lonely
And me

ENERGIE MULTIMILLIONÄR

TEXT: INGA HUMPE
MUSIK: INGA HUMPE & TOMMI ECKART

Über den Felsen
Nur Meer und Himmel
Ich bin ein Pfeil
Ein Nano-Teil

Nur mehr und Meer
In love with life
I let it be
Don't kill me

Schein schein schein
Schein schein schein
Shine shine shine
Shine shine shine

Energie Multimillionär
Energie Multimillionär
Energy multimillionaire
Energy multimillionaire

And when you die
It never dies
And when you die
And when I die
It never dies
It never dies

Minuten Stunden
Sekunden Jahre
Der Zeiger rennt
Im Moment

Die Zeit läuft nicht
Auf einer Linie
Ich bleib hier
Hier bei dir

Schein schein schein
Schein schein schein
Shine shine shine
Shine shine shine

Energie Multimillionär
Energie Multimillionär
Energy multimillionaire
Energy multimillionaire

And when you die
It never dies
And when you die
And when I die
It never dies
It never dies

ICH BIN DIE BASS DRUM

TEXT: INGA HUMPE & ACHIM HAGEMANN
MUSIK: INGA HUMPE, TOMMI ECKART
& ACHIM HAGEMANN

Ich bin die Bass Drum

Du bist der Bass

Ich bin die Bass Drum

Du bist der Bass

Bei 30 Hertz

Spür ich den Schmerz

Der uns verbindet

Du bist das Lied

Ich bin der Beat

Der niemals endet

Was immer sei

Berlin bleibt frei

Looking for romance

Ich geb dir vier – 1 2 3 4

Let's dance

Ich bin die Bass Drum

Du bist der Bass

Ich bin die Bass Drum

Du bist der Bass

All right now! Hey ...

I am the bass drum
You are the bass
I am the bass drum
You are the bass

At 30 Hertz
It kind of hurts
But I like it
You are the lyrics
I am the kick
Can you feel it

What ever will be
Berlin stays free
Looking for romance
I give you four – 4 on the floor
Let's dance

I am the bass drum
You are the bass
I am the bass drum
You are the bass
All right now! Hey ...

HEY SCHMETTERLING

TEXT: INGA HUMPE & ANTON HUMPE
MUSIK: INGA HUMPE, MALAKOFF KOWALSKI &
TOMMI ECKART

Sonnenbrille
Faktor 60
Jetzt nicht sehen was alles schlecht ist
Dass nichts übrig bleibt wenn man immer weint
Und es nicht darum geht dass sich alles reimt

Hey es geht raus
Aus dem Raupensein
Hey Schmetterling

Hey es geht rauf
Helles Leben oben schweben
Die Sterne glühen
Tag und Nacht

Was ich noch sagen wollte Nein
Ich steig aus und erst wieder ein
Wenn wir auch reden wenn wir uns begegnen
Und ich sag dir es wird keine Schokolade regnen

Hey es geht raus
Raus aus dem Raupensein
Hey Schmetterling

Hey es geht rauf
Helles Leben oben schweben
Die Sterne glühen
Tag und Nacht

DAS HERZ IRRT NIE

TEXT: INGA HUMPE & ANNETTE HUMPE
MUSIK: INGA HUMPE, ANNETTE HUMPE
& TOMMI ECKART

Was ist los mit der Welt

Will sie untergehen

Das wär grad kein guter Zeitpunkt

Ich muss hier noch so viel verstehen

Völlig gleich durch welche Tür

Du gehst – sie führt zu dir

Das Herz irrt nie

Es ruft so laut

Das Herz irrt nie

Es sucht so lang

Bis das Herz bekommt was es verlangt

Bis das Herz bekommt was es verlangt

Da ist ein Weg im ewigen Eis

Nur für verliebte Spione

Die sehen Blumen blühen im Schnee

Völlig gleich durch welche Tür

Sie gehen – sie werden sehen

Das Herz irrt nie

Es ruft so laut

Das Herz irrt nie

Es sucht so lang

Bis das Herz bekommt was es verlangt

Bis das Herz bekommt was es verlangt

HOTEL SUNSHINE

TEXT: INGA HUMPE & ANNETTE HUMPE
MUSIK: INGA HUMPE, ANNETTE HUMPE &
TOMMI ECKART

Weit weg in einer Stadt am Meer
Steht ein Haus schon lange her
Mein Herz wird schwer
Hotel Sunshine

Am Morgen wenn die Sonne schien
Auf Oleanderblüten und Jasmin
War ich Königin
Hotel Sunshine

Auf dem blassen Polaroid
Licht aus der Vergangenheit
Ich halt die Sonne in der Hand

Wenn es in der Dunkelheit
Leuchtet bis in diese Zeit
Funkelt in mir ein Diamant

Hotel Sunshine
Hotel Sunshine
Hotel Sunshine
Hotel Sunshine

Am Himmel dieses tiefe Blau
Als wenn ich jetzt in deine Augen schau
Ein Tor geht auf
Hotel Sunshine

Ich geh hinein und schreibe wo bist du
Auf eine Wand und love is you
My baby blue
Hotel Sunshine

Auf dem blassen Polaroid
Licht aus der Vergangenheit
Ich halt die Sonne in der Hand
Wenn es in der Dunkelheit
Leuchtet bis in diese Zeit
Funkelt in mir ein Diamant

Hotel Sunshine
Hotel Sunshine
Hotel Sunshine
Hotel Sunshine

BONJOUR CHÉRIE

TEXT: INGA HUMPE
MUSIK: INGA HUMPE & TOMMI ECKART

Page 1 I wrote
And then page 2
Now you tell me
Tell me what to do
I will listen listen to you

You are A
And I am B
And there is C
What a delicate harmony

Bonjour Chérie
Bonjour
Bonjour
Bonjour

The only thing we need
Is grand amour
So told me once Charles Aznavour
The only thing we need
The only thing we need
Charles Aznavour

Said it is grand amour

No drama
No hysterical screaming
For you and me
That has no meaning
We go on writing our book
Turn the pages gently look
Die Liebe ist das schönste Seidentuch

Bonjour Chérie
Bonjour
Bonjour
Bonjour

The only thing we need
Is grand amour
So told me once Charles Aznavour
The only thing we need
The only thing we need
Charles Aznavour
Said it is grand amour

ICH HÖR MUSIK
WENN ICH DICH SEH

TEXT: INGA HUMPE
MUSIK: INGA HUMPE & TOMMI ECKART

Ich hör Musik

Wenn ich dich seh

Du wirst eine Melodie

Wenn ich neben dir steh

Ich hör ein Lied

In jedem Wort von dir

Regenbogen-Rhapsodien

Du spielst sie in mir

Ich hör Musik

Wenn ich dich seh

Farben werden Harmonien

Wenn ich neben dir geh

I hear music

When I look at you

You are a beautiful melody

When I am close to you

I hear a song

When you talk to me

The world's sweetest sounds appear

I hear what I see

Ich hör Musik

Wenn ich dich seh

Farben werden Harmonien

Wenn ich neben dir geh

Bist du mal nicht bei mir

Werd ich ein Vogel und flieg zu dir

Ich sing für dich

Und du hörst Musik

Wenn ich deine Hand berühr

20 JAHRE 2RAUMWOHNUNG
2020

1. Ich und Elaine (In Wirklich, 2002)
2. Bei dir bin ich schön (Achtung Fertig, 2013 / 2016)
3. 36 Grad (36 Grad, 2007)
4. Wir werden sehen (Paul Kalkbrenner Remix Radioedit) (Lasso, 2009)
5. Ich bin die Bass Drum (Jan Oberländer Remix – Short Version) (Nacht & Tag, 2017)
6. Sexy Girl (Kommt zusammen, 2001)
7. Wir trafen uns in einem Garten (Kommt zusammen, 2001)
8. Besser gehts nicht (36 Grad, 2007)
9. Nimm mich mit – Das Abenteuer Liebe usw (Kommt zusammen, 2001)
10. Wolken ziehen vorbei (Es wird morgen, 2004)
11. Da sind wir (In wirklich, 2002)
12. Jemand fährt (Es wird morgen, 2004)
13. 2 von Millionen von Sternen (Kommt zusammen, 2001)
14. Somebody lonely and me (Achtung Fertig, 2013 / 2016)
15. Spiel mit (Es wird morgen, 2004)
16. Sasha (sex secret) (Es wird morgen, 2004)

DAS IST NICHT DAS ENDE BABY

TEXT & MUSIK: INGA HUMPE, TOMMI ECKART,
ULF LEO SOMMER & PETER PLATE

Gestern war schrecklich
Der Schrecken war ich
Du bist der Besen
Die Scherben gehen auf mich

Raus aus dem Keller
Bin aufgewacht
Ist das der Himmel
Wie schön da draußen der Krach

Taxi fährt weiter
Irgendjemand schreit mich an
Das macht mir gar nix
Denn hier fängt jetzt was Neues an

Das ist nicht das Ende Baby
Weil alles neu beginnt
Das ist nicht das Ende Baby
Und wenn's noch nicht stimmt

Geht Es doch weiter

Geht immer weiter

Das ist nicht das Ende Baby

Das ist nicht das Ende

War das ein Albtraum

Keiner hat gelacht

Neugeboren

Altes hab ich kaputtgemacht

Runter vom Fließband

Bring mich ans Meer

Zähl mal bis 2

Und dein Herz – gib mal her

Schau mir in die Augen

Was du jetzt siehst ist wahr

In deinen Augen

Seh ich nur Blablablabla

Blablabla

Das ist nicht das Ende Baby

Weil alles neu beginnt

Das ist nicht das Ende Baby

Und wenn's noch nicht stimmt

Geht Es doch weiter
Geht immer weiter
Das ist nicht das Ende Baby
Das ist nicht das Ende

Geht es doch weiter
So wie die Welt sich dreht
Geht immer weiter
Und nirgendwo steht wie's richtig geht

Das ist nicht das Ende Baby

HIER SIND WIR ALLE

TEXT & MUSIK: INGA HUMPE
& TOMMI ECKART

Schlaf oder Tod

Es kommt ein Morgenrot

So bleiben wie es ist

Nichts muss so bleiben wie es ist

Weil ich das seh

Wenn ich Wiesen seh

Will ich hier nicht weg

Ich will auf keinen Fall hier weg

Hier sind wir

Wir alle

Hier sind wir

Wir alle

Here

We are

Here we all are

All we are

So ein ganz normaler Tag

Vergeht genauso wie ein Tag

An dem es uns hier

Aus den Fugen raushaut

Jedes Ding und wir

Sind schon immer Staub

Es ist Liebe und mehr

Viel viel mehr

It is love and more

So much more

Hier sind wir

Wir alle

Hier sind wir

Wir alle

Here

We are

Here we all are

All we are

MÄDCHEN MIT PLAN

BENJAMIN
VON STUCKRAD-BARRE

Wir trafen uns in einem Garten
Wahrscheinlich unter einem Baum
Oder wars in einem Flugzeug
Wohl kaum, wohl kaum

ES WAR IN Berlin und ist lang her – es war die Zeit, in der die große Stadt sommers tatsächlich wie ein riesiger Garten wirkte. Ein großer Garten mit Discokugeln. Tagsüber war es so heiß, dass man besser ins Kino ging, abends dann ab in die Keller und rauf auf die Dächer, dieses Berlin erkunden, von dem man so viel gehört hatte. Man wollte ja auch nichts verpassen. Und da erklang in einem Kinowerbespot dieser erste Hit von 2raumwohnung, und man merkte sofort, dass das was Neues, Besonderes war und sofort gekauft und immer wieder gehört werden musste. Ich verließ das Kino und lief diesem Lied entgegen.

In einem Garten also. Ich kam – zu spät, wie jeder, klar – nach Berlin, und Inga Humpe war natürlich schon lange dort. Man sah sie abends oft, und sie lächelte immer. So konnte man das natürlich auch alles sehen. Es war im Jahr 2000, in Berlin schien gerade alles ziemlich schön und manches noch angenehm ungeklärt: Es war noch Love-Parade und fast schon Klaus Wowereit, alle schienen dauernd zu lachen, jede Brache eine Möglichkeit, jede rostige Tür eventuell Zugang zu einem Nachtparadies, jedes Wochenende dauerte sieben Tage, alles wurde probiert, jede Verwechslung und jeder Irrtum vermochte es immerhin, zu hochinteressanten, oft auch amourösen Verwicklungen zu führen. Jeder knutschte mit jedem, ein paar Sommer lang. In den Hinterhöfen klirrten vierundzwanzig Stunden lang Flaschen, lachten oder stritten Menschen, dauernd war irgendwo was los, niemand wollte nach Hause, schlafen wurde als überschätzt eingestuft. Niemand wollte ins Grüne, alle tobten erfreut durchs ehedem Graue.

Und in all dies mitten hinein also explodierte nun dieser Hit einer neuen Lieblingsband: 2raumwohnung. *»Es war einfach alles anders.«* Plötzlich war es da, eigentlich jeder hatte bald schon dieses Lied längst gehört und war ebenfalls schockverliebt; man wusste gar nicht genauer, warum und in wen alles, man merkte bloß: Hier geht gerade eindeutig etwas los, etwas richtig Tolles. Und eben drum wollten jetzt alle zugleich tanzen und rumhängen, auf Berlins Kellerböden rumspringen und dabei aber auch von oben auf die Stadt aschen, nie ohne Bierflasche in der Hand, mit Clubdachblick auf den Sonnenuntergang (oder den Sonnenaufgang, das nahm man hier nicht so genau).

»Fahr doch mit mir nach Italien.« Ob dieses Lied nun als Club-Chanson zu bezeichnen war, als Berliner Irgendwas oder Hymne der Generation Soundso, als Symptom oder als Diagnose, als Spreeliegestuhl-Elektrofolk oder schlicht als Popmusik und was sonst nicht noch alles, das alles wollte man jetzt ganz gewiss nicht erörtern, seid mal leise, wir wollen diese traumverhangene Poesie nicht verpassen, die so schöne luftige Bilder skizziert, wollen jede dieser vollkommen unerwartbaren Wendungen und Zeilen mitbekommen, gesungen so dringlich und zugleich beruhigend, als wäre heute die letzte Nacht oder aber morgen der erste Tag.

»Wohl kaum, wohl kaum« – ja, was denn nun, Melancholie oder Euphorie? Der Text hatte in sich lauter Widerhaken, der wollte uns

(vielleicht) begleiten durch die Nacht, so wir denn bitte schön nicht langweilig sind, wollte uns zwar recht gern was erzählen, wollte genauso aber auch kurz mal für ein paar Stunden wegschwirren und allein tanzen und dann mal sehen; wollte selbstverständlich flirten, und zwar mit der gesamten Stadt Berlin – und schließlich, das war eigentlich die größte Überraschung, am nächsten Morgen auch noch da sein. Und seither liebe ich diese Band. *»Und meine Freunde finden, ich seh fertig aus.«*

Viele Lieder wären nun anzustimmen, viele Texte gehörten rezitiert, sogar ein kleines Lyrics-Quiz wäre möglich – für all das aber fehlen hier Zeit und Platz. Der Bitte an mich, Inga Humpes textdichterisches Werk in fünf bis zehn Minuten angemessen zu würdigen, kann ich leider nicht entsprechen, wegen Lächerlichkeit des Erbetenen. Fünf bis zehn Tage wären machbar, müsste man halt manches weglassen. *»Eins, zwei, drei – tschiu ...«*

Eins, zwei, drei – These: Inga Humpe ist meine beste Freundin. Zwar weiß Inga Humpe das wohl gar nicht, kann es gar nicht wissen, in welch starkem Maße ich mich ihr verbunden fühle durch so viele ihrer Liedtexte, die mir so viel bedeuten und so verlässliche Begleiter sind. Doch auch ohne das zu wissen oder gar aktiv zu betreiben, formuliert Inga Humpe Mutmaßungen und Fallbeispiele zu den großen und allergrößten Fragen – logischerweise, indem sie diese in kleinen, wie hingetupften Erzählungen verhandelt: Sie erklärt uns Liebe, sie erklärt uns Traurigkeit; den Club wie den Wald, mit dem Tag die Nacht.

Das tut sie schon seit 2000, also seitdem sie nach vielen anderweitigen Versuchen und Projekten sich schließlich zusammentat mit Tommi Eckart, ihrem tatsächlich kongenialen Kollaborateur, der ihrer Poesie ein Zuhause, ein Habitat schuf, ebenjene Zweizimmerbutze, deren Bezeichnung wohl auf den Berliner Osten verweist und auf eine große Nähe zwischen Ich und Du, die aber jeweilige Refugien beibehält und dadurch einfach haltbarer ist. Man kann einander ja besuchen! Aber bitte klopfen.

»Mach den Beat nie wieder leiser« – es glückt nun schon seit zwanzig Jahren: Humpe und Eckart, Quatsch, wir duzen die jetzt, nach so vielen gemeinsamen Nächten (und manchmal waren sie sogar dabei!), Inga und Tommi also schrieben und veröffentlichten in angenehmer Regelmäßigkeit Alben, die es verstanden, jeweils zeitgenossenschaftlich aktuell zu wummern und dabei doch stets genug Raum zu lassen für den Gesang, der immer dezent verschlafen klingt (und zwar in Paris verschlafen!) oder just erwacht (und zwar in Berlin kaum geschlafen!). Musik und Texte auf den 2raumwohnung-Alben bedingen einander bis heute auf eine so zaubrische Weise, sie wurden einander gar nicht müde – vielleicht schläft die Musik im einen, der Text im anderen Raum?

Was Inga Humpes Texte so gut macht, ist auch ihre beständige Selbstsabotage, die uns immer wieder aufmerken lässt.

»Du sagst: Du, ich bin kein Mann für eine Nacht, ich muss nur immer
  irre viel verreisen.«
»Und du sagst: Na, ich weiß nicht – stimmt das?«

»Viel zu gut für den Moment [...] und haben uns dann bald getrennt.«
»Schwarzer Porsche – Angst vor Nähe.«
»Wenn einer sagt, man kann sein Chaos hier vermeiden, nu ja – der lügt.«

Inga Humpe ist eigentlich die Pippi Langstrumpf von Berlin Mitte. Sie ist auch immer noch und immer wieder das junge Mädchen, das ausbricht und aufbricht aus Hagen. Und dann sind auch wir wieder in der Kleinstadt, in dem Loch, aus dem wir alle weggekommen sind. Denn die wenigsten, die man hier kennenlernt, kommen ja aus Berlin, sie kamen nach Berlin. *»Aber lieber mal da nichts verstehen als nur bei uns im Ort.«* Und alle, die dort aber dann ab und zu mal die gängige Berlin-Aversion ereilt, müssen nur ein paar Lieder von 2raumwohnung hören und sind alsbald kuriert. So was wird nicht in Hagen produziert – aber es kommt von dort; es entstammt der Provinz, illustriert und begründet den Aufbruch von dort, es kommt da, wie man in eben Hagen völlig zurecht sagt: wech. Von da wech nach Berlin – und dann einfach mal gucken. Berlin ist praktisch mindestens zur Hälfte bevölkert von Menschen, die kamen und »Mal gucken« dachten, mal sehen, wie es wohl weitergeht, was sich so ergibt. Manche der Guckenden sehen dann auch irgendwann was, die Mehrheit aber guckt und guckt. Das und diese Stadt dauerhaft auszuhalten, fällt deutlich leichter, wenn man gut mit 2raumwohnung-Alben proviantiert ist, die verlässlich, selbst wenn man gerade dort ist!, Berlin-Heimweh erzeugen.

»Zwischendurch verliert man mal die Nerven«, weiß Inga Humpe und ist alsdann immer dabei. Sie ist im Club, wenn wir da abends reinkommen: Wir gehen diese überall gleichen Treppen runter in einen belie-

bigen Kleinstadtclub, und wir hören »No Diggity« durch die Metalltür schon uns entgegenwummern. Mit dem Lied dringt auch ein blaues Licht unter der Metalltür durch, wir wollen jetzt unbedingt da rein, wir denken, am Ende dieser Treppe und hinter dieser Tür ist es schön, und dies wird die Nacht und so weiter. Stempel auf die Hand und rein ins blaue Licht: Weiterhin wissen wir 2raumwohnung an unserer Seite, wenn wir hoffen, träumen und im Unbekannten uns vortasten. *»Ich stell mir vor, ich wär ein Fuchs in einem Zeichentrick.«* Und wir haben sie eben auch und insbesondere dann noch an unserer Seite, wenn wir am nächsten Tag diese jetzt viel längeren Treppen wieder hoch in das überhaupt nicht blaue Licht müssen, in den Alltag – diese Party ist zu Ende, und auch von dieser Rückseite der Nacht handeln etliche Lieder von 2raumwohnung: erst runter, dann hoch, erst Glück, dann Verzagtheit, erst Nacht, dann Tag oder auch alles umgekehrt – damit allzeit klarzukommen, das versprechen Inga Humpes Texte zwar nicht, aber sie helfen doch. In Rausch und Momentschönheit hinein dosieren ihre zarten Zeilen stets etwas Melancholie und Zweifel – und in Traurigkeit und Dunkelheit entzündet sie ein paar warme Leuchten, zwinkert uns zu und bringt uns ein Getränk von der Bar mit.

Dann ist auch noch ein Wort zu der Musik zu sagen. Denn die hat einen dermaßenen Clubwumms und gleichzeitig auch etwas Wandergitarrenhaft-Erzählerisches. *»Ich bin die Bassdrum, du bist der Bass«*, singt Inga Humpe – und wir singen mit und denken uns, ein jeder für sich, einen ganz eigenen Privatbass.

»Bei 30 Hertz spür ich den Schmerz, der uns verbindet.« Dass leider und zum Glück alles immer nur mit seinem Gegenteil wahr ist, berührt

und verbindet doch uns alle mit dieser Sängerin und ihren Texten, tief im Inneren, ohne dass wir darüber entscheiden könnten: Bei dreißig Hertz nämlich rumort der Bass in derart tiefen Regionen unserer Körper, wo das Argument nichts mehr zu gewinnen hat und stattdessen das Herz regiert, die Liebe und mit ihr alle Farben zwischen Schwarz und Weiß.

Echt jetzt? All you need is Love? Scheißhippies – aber sie haben recht! Von eigentlich immer wieder nur LOVE handelt dieses Werk: vom Yeah und vom Weh, von der Angst davor und der Glücksverdummung darinnen; davon, wie spektakulär oder bloß verregnet es schiefgehen kann – und eben auch, wie grandios es alles erstrahlen lässt, wenn es mal gelingt, dieses Ding, das wir Liebe nennen.

Falls dann mal die Realität an die Tür klopft, bleiben uns immerhin noch Inga Humpes Texte, die so was schon geahnt hatten und nun aber behaupten, es würde auch wieder heller irgendwann. Jede Nacht hat das Zeug dazu, wieder ein neuer Tag zu werden.

SONGS
NACH ANFANGSZEILE

# #

A

B

D

H

I

SONGS
NACH TITEL

# #

A

B

C

D

DANKSAGUNG

DANKE AN

Helene Hegemann

Benjamin von Stuckrad-Barre

Elisabeth Ruge

Julia Tautz

Kerstin Gleba

Michaela Simon

Sabine Ganske

QUELLENVERZEICHNIS

FOTOS

Die Besitzer der Werke sind nachfolgend genannt, sofern sie nicht ungenannt bleiben wollten oder nicht bekannt sind. Die Autorin und der Verlag haben sich entsprechend der gesetzlichen Bestimmungen des Urheberrechts intensiv bemüht, das Copyright für die abgebildeten Werke bei den Künstlern, deren Erben, Bevollmächtigten oder Rechtsnachfolgern und bei den Urhebern der fotografischen Aufnahmen einzuholen und abzugelten. Bei der großen Anzahl von Künstlern war dies trotz intensiver Recherche nicht in allen Fällen möglich. Sollten deshalb noch Ansprüche bestehen, so werden die Rechteinhaber oder deren Bevollmächtigte gebeten, sich an den Verlag zu wenden.

Passfotos U3: © Enno Strelow

Bild 1: © Leni Humpe

Bild 2: unbekannt

Bild 3: © Karl Ludwig Lange

Bild 4: © Martin Schacht

Bild 5: © Andreas Kess

Bild 6: © Andreas Kess

Bild 7: © Andreas Kess

Bild 8: © privat

Bild 9: © Andrea Stappert

Bild 10: © Mark Borthwick

Bild 11: © Mash Borthwick

LIEDTEXTE

mit freundlicher Genehmigung der Co-Autoren

KOMMT ZUSAMMEN
Inga Humpe / Tommi Eckart
© it worx OHG / Arabella Musikverlag GmbH

DU UND ICH
Inga Humpe / Tommi Eckart
© it worx OHG / Arabella Musikverlag GmbH

SEXY GIRL
Inga Humpe / Tommi Eckart
© it worx OHG / Arabella Musikverlag GmbH

NIMM MICH MIT – DAS ABENTEUER LIEBE USW
Inga Humpe / Heike Kospach / Joern Fahrenkrog-Petersen
© it worx OHG / Arabella Musikverlag GmbH

BLEIB GESCHMEIDIG
Inga Humpe / Tommi Eckart
© it worx OHG / Arabella Musikverlag GmbH

MIT VIEL GLÜCK
Inga Humpe / Tommi Eckart
© it worx OHG / Arabella Musikverlag GmbH

2 VON MILLIONEN VON STERNEN
Inga Humpe / Tommi Eckart / Daniel Barth
© it worx OHG / Arabella Musikverlag GmbH

LIEBE OHNE ENDE
Inga Humpe / Tommi Eckart
© it worx OHG / Arabella Musikverlag GmbH

WIR TRAFEN UNS IN EINEM GARTEN
Inga Humpe / Tommi Eckart
© it worx OHG / Arabella Musikverlag GmbH / Warner Chappell Music Inc.

LACHEN UND WEINEN
Inga Humpe / Tommi Eckart / Max Loderbauer
© it worx OHG / Arabella Musikverlag GmbH / Flow Publishing Thomas Fehlmann / BMG Rights Management

SIE KANN FLIEGEN
Inga Humpe / Tommi Eckart
© it worx OHG / Arabella Musikverlag GmbH

WIR WERDEN SINGEN
Inga Humpe / Tommi Eckart
© it worx OHG / Arabella Musikverlag GmbH

DA SIND WIR
Inga Humpe / Tommi Eckart
© it worx OHG / Arabella Musikverlag GmbH

ICH WEISS WARUM
Inga Humpe / Tommi Eckart
© it worx OHG / Arabella Musikverlag GmbH

ICH UND ELAINE
Inga Humpe / Tommi Eckart
© it worx / Arabella Musikverlag GmbH

WIRKLICH SEIN
Inga Humpe / Tommi Eckart
© it worx OHG / Arabella Musikverlag GmbH

FREIE LIEBE
Inga Humpe / Tommi Eckart
© it worx OHG / Arabella Musikverlag GmbH

MÄDCHEN MIT PLAN
Inga Humpe / Heike Kospach / Tommi Eckart
© it worx OHG / Arabella Musikverlag GmbH

WEIL ES LIEBE IST
Inga Humpe / Daniel Barth / Tommi Eckart
© it worx OHG / Arabella Musikverlag GmbH

MATHEMATIK
Inga Humpe / Tommi Eckart
© it worx OHG / Arabella Musikverlag GmbH

DIE SCHWERE
Inga Humpe / Tommi Eckart
© it worx / Arabella Musikverlag GmbH

DA STEHST DU
Inga Humpe / Daniel Barth / Tommi Eckart
© it worx OHG / Arabella Musikverlag GmbH

WIR ERINNERN UNS NICHT
Inga Humpe / Tommi Eckart
© it worx OHG / Arabella Musikverlag GmbH

WOLKEN ZIEHEN VORBEI
Inga Humpe / Daniel Barth / Tommi Eckart
© it worx OHG / Arabella Musikverlag GmbH /
Edition it sounds

SPIEL MIT
Inga Humpe / Alexander Adolph / Michaela
Simon / Tommi Eckart
© it worx OHG / Arabella Musikverlag GmbH /
Edition it sounds

WIR SIND DIE ANDEREN
Inga Humpe / Tommi Eckart
© it worx OHG / Arabella Musikverlag GmbH

JEMAND FÄHRT
Inga Humpe / Moritz von Oswald / Tommi Eckart
© it worx OHG / Ed. BCP / Arabella Musikverlag
GmbH / Musik Edition Discoton GmbH

MACHS EINFACH
Inga Humpe / Heike Kospach / Tommi Eckart
© it worx OHG / Arabella Musikverlag GmbH /
Edition it sounds

OBEN
Inga Humpe / Tommi Eckart
© it worx OHG / Arabella Musikverlag GmbH

SASHA (SEX SECRET)
Inga Humpe / Tommi Eckart / Michael Bellina /
Andre Tegeler / Philipp Fuldner
© it worx OHG / Sony / ATV Music Publishing
GmbH / Edition 6000 Publishing / Ultra Tunes /
Philipp Fuldner / Andre Tegeler Moguai / Ara-
bella Musikverlag GmbH

COOKIES CREAM
Inga Humpe / Tommi Eckart
© it worx OHG / Arabella Musikverlag GmbH

ICH DENK AN DICH
Inga Humpe / Tommi Eckart
© it worx OHG / Arabella Musikverlag GmbH

ES WIRD MORGEN
Inga Humpe / Tommi Eckart / Rob Sartorius /
Philipp Palm / Heike Kospach
© it worx OHG / Arabella Musikverlag GmbH /
SMV Schacht Musikverlage GmbH & Co. KG /
Edition it sounds

AN EINEM SONNIGEN TAG
Inga Humpe / Tommi Eckart / Moritz von Oswald
© it worx OHG / Ed. BCP / Arabella Musikverlag
GmbH / Musik Edition Discoton GmbH

ZENTRALMASSIV
Inga Humpe / Tommi Eckart
© it worx OHG / Arabella Musikverlag GmbH

MELANCHOLISCH SCHÖN
Inga Humpe / Tommi Eckart / Jens Wagemann
© it worx OHG / Arabella Musikverlag GmbH /
Edition it sounds

MORGEN LASS ICH DICH FREI
Inga Humpe / Tommi Eckart
© it worx OHG / Arabella Musikverlag GmbH

VERLAUFEN

Inga Humpe / Tommi Eckart / Jens Wagemann
© it worx OHG / Arabella Musikverlag GmbH /
Edition it sounds

KEINER KOMMT HIER LEBEND RAUS

Inga Humpe / Tommi Eckart / Jens Wagemann
© it worx OHG / Arabella Musikverlag GmbH /
Edition it sounds

BESSER GEHTS NICHT

Inga Humpe / Tommi Eckart / Peter Plate / Ulf
Leo Sommer
© it worx OHG / Arabella Musikverlag GmbH /
Partitur Musikverlag OHG / BMG Rights Management

MIR KANN NICHTS PASSIEREN

Inga Humpe / Tommi Eckart
© it worx OHG / Arabella Musikverlag GmbH

36 GRAD

Inga Humpe / Tommi Eckart / Peter Plate / Ulf
Leo Sommer
© it worx OHG / Partitur Musikverlag OHG /
BMG Rights Management GmbH / Arabella
Musikverlag GmbH

DER SOMMER, DER JETZT NICHT WAR

Inga Humpe / Liam Sternberg
© it worx OHG / Liam Sternberg / Arabella
Musikverlag GmbH ...

ICH BIN DER REGEN

Inga Humpe / Tommi Eckart
© it worx OHG / Arabella Musikverlag GmbH

NIMM SIE

Inga Humpe / Daniel Barth / Tommi Eckart
© it worx OHG / Arabella Musikverlag GmbH /
Edition it sounds

JA

Inga Humpe / Heike Kospach / Tommi Eckart
© it worx OHG / Arabella Musikverlag GmbH /
Edition it sounds

LA LA LA

Inga Humpe / Daniel Barth / Tommi Eckart
© it worx OHG / Arabella Musikverlag GmbH /
Edition it sounds / Arabella Musikverlag GmbH

DU BEWEGST DICH RICHTIG

Inga Humpe / Moritz von Oswald / Tommi Eckart / Miriam Dehne
© it worx OHG / Arabella Musikverlag GmbH /
Edition it sounds / Ed. BCP / Musik Edition
Discoton GmbH

SEID EINS

Inga Humpe / Moritz Von Oswald / Tommi Eckart
© it worx OHG / Ed. BCP / Arabella Musikverlag
GmbH / Musik Edition Discoton GmbH

EINS ZWEI DREI − TSCHIU

Inga Humpe / Tommi Eckart
© it worx OHG / Arabella Musikverlag GmbH

LOTUS

Inga Humpe / Daniel Barth / Tommi Eckart
© it worx OHG / Arabella Musikverlag GmbH /
Edition it sounds

BLEIB DOCH BIS ES SCHNEIT

Inga Humpe / Tommi Eckart / Michael von der
Heide
© it worx OHG / Arabella Musikverlag GmbH /
Edition it sounds

DER LETZTE ABEND AUF DER WELT

Inga Humpe / Heike Kospach / Tommi Eckart
© it worx OHG / Arabella Musikverlag GmbH /
Edition it sounds

ÜBERALL REIN

Inga Humpe / Tommi Eckart / Malakoff Kowalski / Heike Kospach
© it worx OHG / Arabella Musikverlag GmbH / Edition it sounds / EMI Music Publishing Germany GmbH, Edition Bei Schuelter

UND ICH DREH

Annette Humpe / Inga Humpe / Tommi Eckart
© it worx OHG / Ambulanz Musikverlag / Arabella Musikverlag GmbH / Ambulanz Musikverlag

WIR WERDEN SEHEN

Inga Humpe / Christian Hartmann
© it worx OHG / Arabella Musikverlag GmbH / Edition it sounds

BODY IS BOSS

Inga Humpe / Tommi Eckart
© it worx OHG / Arabella Musikverlag GmbH

WAS IST DAS

Inga Humpe / Tommi Eckart
© it worx OHG / Arabella Musikverlag GmbH

RETTE MICH SPÄTER

Inga Humpe / Tommi Eckart / Peter Plate / Ulf Leo Sommer
© it worx OHG / BMG Rights Management GmbH / Arabella Musikverlag GmbH / Partitur Musikverlag OHG

LASSO

Inga Humpe / Tommi Eckart / Peter Plate / Ulf Leo Sommer / Heike Kospach
© it worx OHG / Arabella Musikverlag GmbH / Edition it sounds / Partitur Musikverlag OHG

ALLES AUS

Inga Humpe / Tommi Eckart / Jens Wagemann / Daniel Barth
© it worx OHG / Arabella Musikverlag GmbH / Edition it sounds

VIELLEICHT IM NÄCHSTEN LEBEN

Inga Humpe / Tommi Eckart
© it worx OHG / Arabella Musikverlag GmbH

MOSAIK

Inga Humpe / Ulf Leo Sommer / Robinson Sartorius
© it worx OHG / Arabella Musikverlag GmbH / Edition it sounds / UMPG / Partitur Musikverlag OHG

WENN DU BEI MIR LIEGST

Inga Humpe / Tommi Eckart / Heidi Bennent
© it worx OHG / Arabella Musikverlag GmbH / Edition it sounds

ANGEL OF GERMANY

Inga Humpe / Tommi Eckart / Mirjam Dehne
© it worx OHG / Arabella Musikverlag GmbH / Edition it sounds

ICH MAGS GENAU SO

Inga Humpe / Tommi Eckart
© it worx OHG / Arabella Musikverlag GmbH

EIN NEUES GEFÜHL

Inga Humpe / David Jost / Robin Grubert / Tommi Eckart
© it worx OHG / Universal Music Publishing GmbH / Porn & Poetry Publishing / David Jost Music Publishing / Arabella Musikverlag GmbH

BEI DIR BIN ICH SCHÖN

Inga Humpe / Arezu Weitholz / David Jost / Robin Grubert / Tommi Eckart
© it worx OHG / Universal Music Publishing GmbH / Porn & Poetry Publishing / David Jost Music Publishing / Arezu Weitholz / Arabella Musikverlag GmbH

BYE BYE BYE

Inga Humpe / David Jost / Malakoff Kowalski / Tommi Eckart
© it worx OHG / Edition it sounds / Arabella Musikverlag GmbH / David Jost Music Publishing

ICH DICH AUCH

Inga Humpe / Tommi Eckart / Malakoff Kowalski
© it worx OHG / Edition it sounds / Arabella
Musikverlag GmbH

SIE GEHT LOS

Inga Humpe / Tommi Eckart / Heinrich Schiffers
© it worx OHG / Heinrich Schiffers / Arabella
Musikverlag GmbH

GUT

Inga Humpe / Tommi Eckart / Peter Plate / Ulf
Leo Sommer
© it worx OHG / BMG Rights Management
GmbH / Partitur Musikverlag OHG / Arabella
Musikverlag GmbH

WIR WAREN FÜRCHTERLICH

Inga Humpe / Tommi Eckart
© it worx OHG / Arabella Musikverlag GmbH

WAS SAGT DAS UNIVERSUM

Inga Humpe / Tommi Eckart / Peter Carl Ata-
nasoff / Greg Ellis
© it worx OHG / BUG MUSIC INC / BMG Rights
Management GmbH / BHIMA Music / BMG
Bumblee

FREQUENZEN

Inga Humpe / Tommi Eckart / Peter Carl Ata-
nasoff / Greg Ellis
© it worx OHG (Admin UMPG) / BUG MUSIC
INC / BMG Rights Management GmbH / BHIMA
Music / BMG Bumblee / Arabella Musikverlag
GmbH

WUNDERBARE TAGE

Inga Humpe / Tommi Eckart / Arezu Weitholz /
Heinrich Schiffers
© it worx OHG / Arezu Weitholz / Heinrich Schiffers / Arabella Musikverlag GmbH

WORTE

Inga Humpe / Tommi Eckart / Moritz von Oswald
© it worx OHG / Oswald Music / Moritz Von
Oswald / Arabella Musikverlag GmbH

1993

Inga Humpe / Tommi Eckart
© it worx OHG / Arabella Musikverlag GmbH

LUCKY LOBSTER

Inga Humpe / Tommi Eckart / Robert Helms /
Dan Caster / Sam Lidmann
© it worx OHG / Edition it sounds / Sony / ATV
Music Publishing GmbH / Arabella Musikverlag
GmbH

SOMEBODY LONELY AND ME

Inga Humpe / Tommi Eckart
© it worx OHG / Arabella Musikverlag GmbH

ENERGIE MULTIMILLIONÄR

Inga Humpe / Tommi Eckart
© it worx OHG / Arabella Musikverlag GmbH

ICH BIN DIE BASS DRUM

Inga Humpe / Joachim Reinhard Hagemann /
Tommi Eckart
© it worx OHG / Marga und Berta Musikverlag /
Arabella Musikverlag GmbH

HEY SCHMETTERLING
Inga Humpe / Anton Humpe / Tommi Eckart /
Malakoff Kowalski
© it worx OHG / Ambulanz Musikverlag / Edition
it sounds / Arabella Musikverlag GmbH

DAS HERZ IRRT NIE
Inga Humpe / Annette Humpe / Tommi Eckart
© it worx OHG / Ambulanz Musikverlag /
Arabella Musikverlag GmbH

HOTEL SUNSHINE
Inga Humpe / Annette Humpe / Tommi Eckart
© it worx OHG / Ambulanz Musikverlag /
Arabella Musikverlag GmbH

BONJOUR CHÉRIE
Inga Humpe / Tommi Eckart
© it worx OHG / Arabella Musikverlag GmbH

ICH HÖR MUSIK WENN ICH DICH SEH
Inga Humpe / Tommi Eckart / Heinrich Schiffers
© it worx OHG / Ed. It Sounds / Arabella Musikverlag GmbH

DAS IST NICHT DAS ENDE BABY
Inga Humpe / Tommi Eckart / Ulf Leo Sommer /
Peter Plate
© it worx OHG / BMG Rights Management
GmbH / Partitur Musikverlag OHG / Arabella
Musikverlag GmbH

HIER SIND WIR ALLE
Inga Humpe / Tommi Eckart
© it worx OHG / Arabella Musikverlag GmbH

1. Auflage 2019

© 2019, Verlag Kiepenheuer & Witsch, Köln

Umschlaggestaltung: Studio YUKIKO
Umschlagmotiv: © Julija Goyd
Gesetzt aus der Meta Serif und der Titling Gothic Wide
Innengestaltung: Jasmin Einert
Satz: Wilhelm Vornehm, München
Druck und Bindung: CPI books GmbH, Leck
ISBN 978-3-462-05317-3